张一鸣

让字节跳动的创业哲学

张笑恒·著

中国经济出版社
CHINA ECONOMIC PUBLISHING HOUSE
·北京·

图书在版编目（CIP）数据

张一鸣让字节跳动的创业哲学 / 张笑恒著. —北京：中国经济出版社，2020.1

ISBN 978－7－5136－5771－6

Ⅰ. ①张… Ⅱ. ①张… Ⅲ. ①企业管理 Ⅳ. ① F272

中国版本图书馆 CIP 数据核字（2019）第 272915 号

责任编辑　王建昌
责任印制　马小宾
封面设计　仟燕飞装帧设计工作室

出版发行　中国经济出版社
印 刷 者　北京富泰印刷有限责任公司
经 销 者　各地新华书店
开　　本　710mm × 1000mm　1/16
印　　张　15.5
字　　数　230 千字
版　　次　2020 年 1 月第 1 版
印　　次　2020 年 1 月第 1 次
定　　价　58.00 元
广告经营许可证　京西工商广字第 8179 号

中国经济出版社 **网址** www. economyph. com **社址** 北京市东城区安定门外大街 58 号 **邮编** 100011
本版图书如存在印装质量问题，请与本社销售中心联系调换（联系电话：010－57512564）

前言

PREFACE

每天刷头条、玩抖音的你，对张一鸣的创业史了解多少？张一鸣，1983年生人，与美团创始人王兴、雪球创始人方三文同乡，并称为“互联网龙岩三杰”。

张一鸣出生于福建龙岩一个平凡而幸福的家庭。从小，父母就给予了他较为宽松、自由的成长环境，这培养了他独立自主的性格，让他小小年纪便有了分外开阔的眼界与心胸。

张一鸣的创业之旅始于2005年，当时国内互联网行业已经走出寒冬，四处一派欣欣向荣的景象。青春勃发的他从南开大学毕业后，放弃了诸多待遇优厚的offer（录用通知书），选择和两个小伙伴一起携手创业。他们没日没夜地忙活了好长一段时间，最后却无疾而终。

失败后的张一鸣索性耐下性子，立誓要在创业路上闯出一片属于自己的天空。接连几次跌跌撞撞后，张一鸣对未来形势的预判却变得越发清晰。2009年10月，张一鸣开始了第一次独立创业。他涉足移动开发，创办了垂直房产搜索引擎“九九房”。然而，越是深入，张一鸣对移动市场的认识便越深刻，他感觉“个性化信息推荐在手机上的需求更大”。

这个想法促使他辞去九九房的CEO（首席执行官）职位，踌躇满志地开始了全新的旅程。2012年年初，张一鸣开始筹备“今日头条”。他成立了一家新公司——ByteDance（字节跳动），公司名很有趣，给人无限的遐想。而“ByteDance”这个英文名足以证明张一鸣立足全球的野心。

今日头条作为新闻客户端，与同类产品相比，其发展堪称神速。但因张一鸣内敛、低调的行事作风，当时业内看好这家新兴互联网公司的人并不多。

2013年年初，头条估值不过5000万美元。张一鸣怀揣忐忑的心情，来到一位投资人的办公室。此行，他是为今日头条寻求B轮融资。他与该投资人仅仅聊了短短的15分钟后，即遭到后者明确的拒绝。事后，该投资人说：“那时候，新浪的市值不过30亿美元。5000万美元的估值投一个移动端的‘新浪’，你让我怎么赚钱？”

事实上，投资人在意的不只是投资的“钱”景，他更喜欢有力量感、有强烈战斗欲的创业者。但张一鸣外表清秀，看起来“蔫蔫的”，所以并不是他投资的中意对象。

谁料张一鸣的野心藏在文秀乖巧的外表下，远比投资人想象的“凶狠”。今日头条创办5年后，估值一度飙升到300 亿美元。当初那个“蔫蔫的小孩”以一己之力改变了国内互联网格局，并掀起一场场媒体变革，甚至勇于从BAT三巨头嘴里“夺食”。

2017年，今日头条营收达到150亿元。产品经理的圈子里，今日头条有了一个雅称——“宇宙条”，业内人士对于今日头条增长速度的敬佩在此体现得淋漓尽致。“字节跳动”这个名字越来越深入人心，张一鸣也越来越多地出现在公众媒体的面前。2019年，美国《时代》杂志公布了当年全球100位最具影响力人物榜单，张一鸣与创业前辈任正非皆榜上有名。

谈及如今的成功，张一鸣始终保持谦虚。在他看来，年轻人身上最可贵的品质在于“延迟满足感”，而人与人之间“延迟满足感”程度的高低决定了彼此间的差距。他甚至认为：“延迟满足感程度不在一个量级的人，是没法进行有效沟通的。”

很多人不明白，为什么高考备战时，学霸们玩得那么开心还能顺利考上一流学府，而你明明一刻不停地刷题，高考成绩却差强人意；为什么职场大牛们能一连实现几级跳，升职加薪仿佛是最简单的事情，而你却多年如一日地守在老岗位上，迟迟无法突破瓶颈……

那是因为，学霸们将学习安排到了玩的前面，积蓄了足够的力量才能表现得如此轻松，而你在平日学习过程中，却只顾着满足一时的欢愉，没学一会儿便抛开书本看起了小说……

那是因为，职场大牛们平时从不设边界，四处抢着干活，不把自己锻炼成“职场多面手”决不罢休。他们目标远大，一套市中心的房子、一份钱多事少离家近的工作远远满足不了他们的野心。正因他们能持续扎根在一个领域，无比专注、坚韧，才能顺利走上人生巅峰。

与他们相比，你简直是“间歇性踌躇满志”“持续性混吃等死”的典型代表，不但沉溺于即时满足中，还忍受不了一时的失败与打击，生活因此变得越来越苍白无趣。

张一鸣还欣赏年轻人身上那种务实与浪漫交相融汇的特质。他们能脚踏实地地做好手头上的每一件小事，“ego”小，不傲娇，也能让想象力突破宇宙，将故事说得委婉动听。

张一鸣还告诫初出茅庐的创业者们，不要被情绪所绑架，更不能被外来力量打破原有的节奏。而他本人性格也十分理性与克制，有着堪称恐怖的克制力和居安思危的反省能力。面对批评，他反而怀抱感恩之心。面对危机，他始终能做到自如、镇定。

经过反复的试验，张一鸣得出结论，想要寻找效率的最优解，就得在对的时间做对的事。他时常将“睡觉很无聊”挂在嘴上，可为了保持更好的精力，他每天都会雷打不动地睡上 7 个小时。他没有运动的习惯，可为了能保持体能，他强迫自己去锻炼、去流汗。对此，有人评价说，张一鸣简直可以像机器一样工作，像驯化算法一样调试自己。

张一鸣身上最让人惊叹的莫过于他的学习能力与创新能力。他曾连续 5 次创业，虽然前 4 次都以不同程度失败了，可这些经历却将他磨炼得越发成熟。技术上，他持续精进；战略上，他格局越来越宽广，一出手必是大手笔。这都与他不断汲取旧的经验，积极拥抱新知识、新事物的态度息息相关。不断奔跑、从不设限，堪称他的人生宣言。

张一鸣身上的“标签”有很多：延迟满足感、理性与克制、寻找效率最优解、不设边界，等等。本书正是围绕着张一鸣身上的诸多特质，并结合其心路历程，从各个方面着重分析了他走上成功的关键性因素。翻开本书，让我们与这位创业偶像一起踏上这场励志之旅，努力逃逸平庸的重力，不断磨炼自我控制的能力，全情投入，全力奔跑！

目录

CONTENTS

第一章 **梦想** 创业伊始实干才能走得更远

创业路上：梦想，不但要志存高远，更要脚踏实地。不仅要学会从根子上解决问题，在看得见的空间里追求极致，还要有“先求活，后图扩”的生存智慧。不管是今日头条的创始，还是抖音的成功，张一鸣和他的团队永远在追逐梦想的道路上，不畏艰难，砥砺前行。

第二章 **定力** 保持耐心随时等待机会

定力，指一个人具备处变和把握自己的意志力。张一鸣强调创业要耐得住寂寞，不要总想着春播秋收。他认为成功就要定下心来做得比别人认真，要学会有准备地等待，蓄积力量等待主动出击的机会。这些都淋漓尽致地诠释了定力在创业过程中的重要性。

第三章 **决策** 对重要的事情要有判断力

对今日头条是否“站队”BAT的问题，张一鸣用其超常的判断和决策力进行了完美处理。这种面对重大选择的决策力，使他避开别人的核心领域，找到市场突破点，为今日头条和抖音等开辟出一席之地。也让他在迷茫和困惑中，学会从外部的视角看公司，使字节跳动在喧嚣中永具独立思考的活力。

第四章　**抗压** CEO必须学会面对不确定性

创业就像一场赌博，你必须要有承受失败的底气和抗压能力。在巨大的市场压力下，张一鸣带领着他的团队乐观面对，做火了抖音，做成了头条号。即便在强大对手的竞争压力下，张一鸣也怀着“向对手学习”的乐观精神而轻松化解。张一鸣认为，CEO面对不确定性，越是重要的决策，越要三思；直面市场不确定性之际，可以乐观地进行“地毯式孵化”，验证所有可能性；要加速适应改变，不断修正自己。

第五章　**高效** 把重要的事情做好

很多人都评价张一鸣说，他简直是一位“机器型”CEO，运用其强大的思维能力，总能在所有路径中找出高效的最优解。他认为，高效来自重要的事情上做得好，而不是处处做得好；高效是致力于做正确的事，而非容易的事；高效是逃逸平庸的重力，将优秀变成一种习惯。高效是只要概率上占优，就专注、全情投入。此外，他还认为良好的身体和体力是高效的根本。

第六章 **选人** 找最合适的人

张一鸣一直秉持“找最合适的人”的招聘原则。在他看来，履历什么的都无所谓，合适的才是最好的。在他眼里，优秀的人才都有“抢着活干”的共同特质，他鼓励年轻人要用发展的眼光进行职业规划，目标要远大。他更看重发展型人才，觉得精英人才必定缺少不了务实精神。为了选聘到真正的人才，张一鸣付出的耐心和诚意，很多 HR 都自叹不如。

第七章 **用人** 为什么 BAT 挖不走我们的人才

张一鸣很善于用人，以致互联网圈的 HR 都清楚，想从今日头条挖人很难，包括 BAT 这些行业巨头。张一鸣的用人秘诀有哪些？他认为比期权和福利更重要的还有愿景和体验；他主张把自驱力高的人放在关键节点上；他鼓励更多人参与决策，群策群力，发挥集体智慧。他也善于用人之长，对员工奖罚分明。同时，在艰苦的创业环境中，他以自己独有的幽默方式，让团队中的每个人快乐起来。

作为一名企业的掌舵人，其自身管理往往与团队管理难以隔离。在自我管理方面，张一鸣身上的自制力堪称“恐怖”。他从不乱发脾气，总是“不过分兴奋，也不过分沮丧”。即便在危急时刻，也能保持无比冷静的头脑和判断力。他坦言，适度的、可管理的沮丧可以让人保持清醒。在企业团队管理方面，他不断自省、感谢批评，并且认为管理不能做“老好人”，等等。

第九章 **精进** 不设边界 快速成长

张一鸣说他“做事从不设边界”。作为创业者，这句话代表着张一鸣以及其所带领企业的精进精神。这体现在：他紧跟时代步伐，不断创新；带领的企业从不局限于国内市场，不断向国际市场挺近；永远保持对成功的渴望，做到“始终创业”；找准市场机会，领先半步看到蓝海；要力求快速迭代，不断接近完美状态；要勇于走出“舒适圈”，不断突破自我；要摆脱低水平竞争，做创造价值的事。

第　一　章

梦　想

创业伊始实干才能走得更远

创业路上：梦想，不但要志存高远，更要脚踏实地。不仅要学会从根子上解决问题，在看得见的空间里追求极致，还要有“先求活，后图扩”的生存智慧。不管是今日头条的创始，还是抖音的成功，张一鸣和他的团队永远在追逐梦想的道路上，不畏艰难，砥砺前行。

1 敢想敢做，才有了今日头条的雏形

马云曾多次强调，敢想敢做是创业者必备的法宝。敢想就是想象力，张一鸣曾发微博说，想象力是天空。他认为创业有一种浪漫就叫作天马行空，无所顾忌地想象一切不可能发生的事情。敢做，就是执行力。要把想象变成理想，势必要倾尽全力地去奋斗，哪怕世人皆嘲讽、反对，也要誓死不渝地捍卫它。

在字节跳动成立七周年的庆典上，张一鸣提到某电影里的一句台词："早餐之前先想 6 件不可能发生的事情。"正是这句话，为今日头条的诞生指明了方向。

今日头条问世前，国人阅读新闻或者网络信息时，一般都由记者编辑或者计算机用户上传，并进行筛选分发。不管你感不感兴趣，喜不喜欢，它都会展示给你。

很长一段时间里，张一鸣都在思考，能不能改变这种模式，能不能在这种阅读模式中加入机器推荐的概念。他想象着有一家公司，专门生产每个人最感兴趣的头条新闻或信息，甚至给人带来一种"驯化机器"的超现实感受，成功捕获大家所有的注意力。

在其他人看来，这简直是一件不可能实现的事情。正因为张一鸣敢想敢做，这个大胆、颠覆的"idea"渐渐有了雏形，并慢慢转化为现实。

2012 年 3 月，张一鸣创建北京字节跳动科技有限公司，A 轮融资

500 万美元。张一鸣反复对每一位创业同人强调："新公司的使命是开发一个全网全内容的推荐引擎，自发、主动地向用户推送他们感兴趣的内容。"这个推荐引擎就是后来的"今日头条"。

张一鸣虽然敢想敢干，却也不乏严谨。公司刚成立的时候，张一鸣先做了两个实验性产品——搞笑囧图和内涵段子。这两款产品都取得了不错的市场反响。这下张一鸣心里有了底，他率领创业团队全神贯注地投入到了今日头条的研发过程中去。

他对于今日头条的定位是：突出信息传递的个性化，通过用户行为分析、推荐引擎技术支持来实现精准而个性化的新闻资讯推荐，以满足网络用户的新闻阅读及分享需求。

2012 年，今日头条的第一个版本上线，在短短 90 天里就积累了 1000 万用户。次年，张一鸣顺利地拿到了 1000 万美元的 B 轮融资，公司估值直线飙升。此时，今日头条的用户量已快突破 1 个亿。2014 年 6 月，C 轮融资 1 亿美元完成后，公司估值攀升至 5 亿美元。到了 2016 年 8 月，今日头条推出 4 周年，其用户已超过 5.5 亿，日活达到 6000 万。

无数丰功伟绩都来源于一个瑰丽的幻想。拿科研活动来说，没有所谓的"空想""幻想"，人类科技史上的累累硕果都将不复存在。创业也遵循同样的道理，只有勇敢尝试别人不敢想象的事情，把不可能变成可能，才能取得竞争优势。

正如李开复所言："人生在世时间非常短暂，如果你总是不敢做想做的事情，那么一生过去了你留下来的只有悔恨懊恼。我常常说追随我心，冒一些风险是值得的。虽然经历风险的日子可能会比较艰难，但如果我不这样做，那蹉跎 10 年 20 年后可能会后悔终生。"

硅谷"钢铁侠"马斯克小时候对太空充满幻想，他想象着长大后建造火箭，带领地球人移民火星。家人们听了哈哈一笑，谁也没把此事放在心上，谁料马斯克长大后一步步实现了当初的宣言。他创办了 Space X（美国太空探索技术公司）后，便迫不及待地对外宣布"我们可以自己造火箭”。

虽然外界反应大多是嘲笑、抨击，马斯克依旧我行我素。经历一连串的失败后，2016 年 4 月 8 日，Space X“猎鹰九号”火箭第一次成功着陆。见这个年轻的企业家将“探索太空、制造火箭”的奇妙幻想变成了浪漫的现实，全球的人们都被轰动了。

马云也是一个想象力极其丰富的人，他早先提出来的那些听起来无比梦幻、不可思议的 idea（想法）如今都被一一实现了。比如，2018 年，阿里巴巴在杭州创建了一家无人酒店，叫“未来酒店”。客人们好奇地走进酒店，却发现面前空无一人。没有前台，没有大堂经理，连打扫卫生的阿姨的身影也遍寻不见。然而，这家酒店给人的感觉却是无比的安心与舒适，不亚于任何一家五星级酒店。入住的客人只要将一切事情都交给人工智能便万事大吉。

这一创意马云曾酝酿了整整 2 年时光，很多人最初听到时，第一反应往往是嘲讽地笑出声。马云却用事实证明，在这个大众创业、万众创新的时代，敢想敢做才有未来。

创业，从一开始选项目，需要的是丰沛的想象力。想清楚了就要敢做，其间任何自我怀疑、怕事畏缩的念头都必须杜绝。我们只能依据创业过程中的主客观情况，不断修正自己的行为。

创业本身就是一场冒险，唯有敢想敢干，才能在风云变幻的市场中捕获商机，取得突破性的进展。

2 带领团队在追逐梦想的道路上，不畏艰难

创业伊始，条件自然简陋艰苦，但创业者依然要怀揣大梦想。只有站在更高的地方看未来，才能走得更远。

张一鸣讲过一个他同事的故事：由于公司一直在讨论国际化，张一鸣的一个同事非常积极，有一天对张一鸣说，他下周准备去印度调研。过了几天，张一鸣问他在印度的哪个城市，他说还在知春路（北京），因为他拿错了证件，结果在印度过海关的时候被拦住了。不过，这不能阻碍他去印度的热情，隔了 1 周，他就踏上了印度的土地，还在抖音里发了个坐在"突突车"[①] 上的小视频。虽然长途跋涉了 2 次才入关，一点没影响他欢快的心情。他英语不是很好，但他在印度做了很多行业的分析和调研，还招了很多的候选人，不知是怎么做到的。张一鸣说他由此想到了唐僧西天取经。

张一鸣说："尽管条件是有限的，不管是办公空间小，还是语言不通，但梦想依旧可以很广阔，可以追求创造非常大的事情。"

马云说："一个人最富有的时候就是有梦想的时候。"梦想，是人们对美好事物的憧憬与向往。有梦想，才有希望和未来。张一鸣和他的团队一直在追逐梦想的道路上，不畏艰难。

① 突突车，是一种三轮摩托出租车，是印度街头一景，也是印度人出行的重要交通工具。突突车以低廉的价格深受印度民众喜爱。

伊克巴尔曾说："你要有雄心壮志，江河也会向你俯首。"有志者事竟成。梦想无所谓大小，关键在于我们有没有一颗实现梦想的决心。在意志坚定的人面前，再大的梦想都能实现。

张一鸣的两笔融资都是在创业的那个民宅里谈妥的。在公司创立半年的时候，一个来北京旅游的美国创业者，在朋友的介绍下来公司参观，聊了很多产品技术。他惊讶地问，这间公寓里团队的技术是跟硅谷接轨的，他能否做一笔投资。后来他就成了今日头条的投资人。

2018 世界 VR 产业大会在南昌召开，马云发表演讲。他称："如果一切条件都完美了，还要创业者干什么？"钱如果能解决一切，银行就可以干一切事情。这个世界因为有理想，才有真正的未来。

马云辞职办互联网，看起来希望很渺茫，但是他却在一开始就把目光放得长远。尽管自己是一只"小虾米"，却一直有个"鲨鱼梦"。阿里巴巴自诞生之初，就一直把眼光放在国际市场上。马云说："我们要打开国际电子商务市场，培育中国国内电子商务市场。"当时互联网的核心技术和核心企业都在西方，能向互联网投资的主流资金也都在西方，所以马云决定利用一切可以找到的机会，首先"搞定"国外市场。

既然将未来的公司定位为全球的公司，名字就应该是响亮的、国际化的。马云说："我取名字叫'阿里巴巴'不是为了中国，而是为了全球。我做淘宝，有一天也要打向全球。我们从一开始就不仅仅是为了赚钱，而是为了创建一家全球化的、可以做 102 年的优秀公司。"

据说当时马云正在美国餐厅吃饭，他突然想到阿里巴巴这个名字，就问餐厅的美国服务员知不知道《阿里巴巴》这个故事，服务员笑着说知道。马云又跑到街上问了好几个人，他们都说知道，马云就此确立了"阿里巴巴"这个名字。马云说："从我外婆到我儿子，他们都会读'阿里巴巴'。世界上几乎所有语言中的'阿里巴巴'发音都是'a-li-ba-ba'，也就是说全世界的商人都可以没有困难地接受我们网站的名字。"

虽然最初创立阿里巴巴的时候，创业资本很少，但马云却从创业资本中拿出 1 万美元买回了阿里巴巴的域名。他认准"阿里巴巴"这个名字可以跨越国界，流行全世界。

世界第一名的催眠大师马修·史维说过：你的格式一旦被放大之后，就再也回不到你原来的大小。假如我们能把心中的这个杯子变成一个池子的话，可以装的水就变多了。假如再把池子变成河流，变成海洋……当格式越来越大的时候，我们装进的东西就会越来越多。世界畅销书作者马克·汉森说过，唯有不可思议的目标才能产生不可思议的结果，我们的梦想可以不切实际一些、可以虚无缥缈一些，只要我们有信心，就能够实现看似不可能成真的梦想。

俗话说，心有多大舞台就有多大。投资了阿里巴巴而与马云结下深厚友谊的日本软银创始人孙正义，曾经立志成为世界首富，而他的软银当初只有2个员工！当他成功的时候记者问他："你觉得成功最重要的是什么？"他只说了这句话："起初所拥有的只是梦想和毫无根据的自信而已，但一切就从这里开始。"

在一些人眼里，"梦想"是一个挺虚无的词。但对创业者来说，梦想很重要。共同的目标和梦想是建立团队的重要一环，是创业的原动力，甚至是支撑整个创业团队的重要力量。共同的愿景，让整个团队更有凝聚力。正如沃特·迪斯尼说："我们所有的梦想都会实现，只要我们有勇气去追逐梦想。"

3 创业要志存高远，更要脚踏实地

张一鸣十分推崇“踏踏实实做事”的品质。他一直强调，创业过程中“做事不能贪图捷径，要尽可能基于长期来做思考”。只有脚踏实地，创业之路才会走得又好又快。

张一鸣是一个很踏实的人。2016 年，央视《对话》节目现场，脱离 Uber 中国战略负责人身份并入职今日头条出任高级副总裁的柳甄笑称，张一鸣“实在太不会说话了”。

央视记者陈伟鸿对此很好奇，他不停追问张一鸣，张一鸣却避而不答，指着柳甄说：“你问她。”柳甄解释说：“一般人都会说，你来了之后如何如何，比较讲情怀那种，但是我觉得一鸣真的是一五一十。我现在加入公司大概 3 周多一点，有人问我有没有什么特别惊讶的事情。我说没有，因为一切跟一鸣说的真的是非常一致，他永远会通过他的实在、踏实，让你有一个非常好的预期，我感觉到整个公司的风格也非常像他。”

陈伟鸿恍然大悟，这才明白柳甄之前那样说，本意是夸赞张一鸣做人诚恳、踏实。而这种性格特色也为张一鸣聚焦了诸多好人缘，更奠定了他创业成功的基础。

马云曾说，若学不会脚踏实地，做什么事都是浮云。综观创业失败之路，很多年轻的创业者都有着相似的成长轨迹：一开始的时候志愿宏大，满腔热情；前进过程中眼高手低，急躁激进；遭遇挫折后一蹶不振，草草收场。其实，创业光有热情是不够的。

经验丰富的创业者总强调，创业不是做一件事，一鼓作气即可完成；创业是一段艰辛漫长的旅程，最重要的是脚踏实地与持之以恒。首先不能急躁，越是急躁便越容易一叶障目。要知道短期的进度与长期的规划是两个截然不同的概念。创业者任何时候都要保持平静的心态，对自己有合理的定位，想清楚下一步该去往哪里，一步一步走好创业之路。

创业更忌讳的是原地空谈。学习创业的理论固然重要，但这并不是创业的核心。理论是行动的基础。找准创业的方向，做好万全的规划后，下一步便是行动。若一味夸夸其谈、雄谈阔论，只将梦想停留在口头上，便永远也看不到创业成功的那一天。

和张一鸣一样，雷军也是国内“务实企业家”的典型代表。当年雷军加入金山，曾不遗余力地推进着 WPS 和金山其他的办公软件在中国市场上崛起。随着金山的地盘不断扩大，在业内如日中天，雷军的名头也越来越响亮。面对外界的褒扬，雷军却始终低调应对。

后来，雷军带领着一支团队开启了“盘古”计划。他们整整奋斗了 3 年，才让“盘古”亮相于世人面前。这 3 年里，他们拼劲十足，几乎没有懈怠的时候。可以说，金山的每一名员工都付出了最大的努力与牺牲。让雷军没想到的是，他迎接的却是人生中最大的失败。

1995 年，盘古组件诞生。雷军还没来得及休息，就和其他人一起紧锣密鼓地投入盘古组件的推出、宣传、销售这一系列的工作中去了。4 月，金山员工为盘古组件正式开启了一场发布会。谁知一切准备妥当后，盘古组件非但没有“一炮而红”，反而颇受冷遇。

这意味着前期 200 万元的投入及无数人的心血都付诸东流，那段时间雷军失望到了极点。但他并未一蹶不振，反而很快地接受了这个事实。事后，他分析道，“盘古”的失利在于他并未考虑清楚那一阶段金山发展的实际情况，错误地预估了“盘古”的市场潜力。以至于哪怕他和研发小组投入了百分之百的热情，也只能迎来一个令人失望的结局。

万达董事长王健林在谈及年轻人如何设定创业目标时，这样说道："最好先定一个'小目标'，比方说我先挣它一个亿。"这句话一度在网上掀起一阵风浪。一家创业中心的首席顾问却解释道，王健林的本意其实是告诫年轻人，创业时要结合实际、稳扎稳打。

的确，越来越多的年轻人梦想着创业当老板。但脑子一热便去蛮干，却不了解自己的优势所在，更未做过市场调研，基本上已经注定了失败的结局。

立下创业的梦想后，先结合实际找准创业项目。下一步是详细地了解产业方向及市场饱和度，并结合竞争对手信息进行数据收集、调研、分析等。同时根据自身情况，规划出合理的创业步骤，并严格执行，这样才能为自己的创业之路奠定坚实的基础。

雷军曾说，创业要仰望星空，更要脚踏实地。拥有实干精神，方能行稳致远。仅凭一腔热血便投身创业大潮，注定会撞个头破血流。而在实现梦想的过程中，很多创业者会逐步遗忘初心，与原定计划偏离得越来越远。这便是失败来得更快的原因。无论何时何地，创业者都要秉持一颗脚踏实地的心，将激情的口号与层层递进的计划通通落到实处。

4 今日头条的创业路，步步踩稳不走巧径

在张一鸣看来，在创业这条路上，凡是想走捷径的都很难成功。如果真的存在捷径，其实是意识到这世上本无捷径之后的脚踏实地。只有步步踩稳，才能收获成功的果实。

2012 年年底，某天晚上，张一鸣突然叫上所有的 PM 和 RD 开会。会议主题是：打造信息平台前，要不要先做好个性化推荐引擎？大家对此犹豫不决，都很担心公司没有做推荐引擎的“基因”和能力。张一鸣一句话定了“军心”：“这个我们不会，但可以学啊！”

张一鸣第一时间找到了《推荐系统实践》的作者，希望对方能给自己发一份这本书的电子版文件。作者却推说书还没出版，委婉拒绝了张一鸣的请求。张一鸣无奈，只得自己上网找资料。他花了很多时间，费了九牛二虎之力才写出第一版的推荐引擎。

那一时期，对于创业公司来说，做推荐引擎面临的困难很多。虽然很多人在做类似的 App，但其实只是在做一些微创新，目的是获得一些移动互联网的红利。在张一鸣看来，这种做法无疑是在走捷径，虽然可能一时获利，但从长远来看却会堵死未来发展的道路。

张一鸣不光决定要做推荐引擎，更发誓要做到最好。虽然大环境不太友好，但他相信只要脚踏实地地去奋斗，迟早能在推荐引擎领域闯出一片天地。他二话不说领着团队投入了紧张的工作中，第一个挑战随之

而来。当时整个行业对移动互联网广告毫无信心，大多数人都认为移动互联网广告存在着诸多缺点，比如屏幕小，不适合投放广告等。

张一鸣针对这一点询问同事张利东的意见，张利东却说自己很有信心。他解释说，用户反馈邮件箱里经常有人说想来打广告。虽然这一类用户的单笔广告费大多不会超过 5000 元，但张一鸣和团队经过一番讨论后，还是认为个性化推荐信息流广告能解决这个问题。

他们决定先找个广告主验证一下。2013 年 9 月，张利东找来第一单生意——国美的北太平庄店。令人头疼的是，当时他们还没有做出广告系统。最后张一鸣拍板决定，“在信息流直接编码，把广告的素材数据和地理位置范围投放硬编码（hardcode）写到了业务代码里面。”

为了证明广告有效，他们特意将整则广告设计成闭环模式：刷到广告；点击并收藏文章；保存网页，到这家国美店消费超过 200 元，就送食用油。刚开始，他们将推荐半径设为 3 千米。结果客户那边等了一上午，一个用户都没等到。后来，张一鸣他们不断扩大半径，直至 10 千米、南二环、北五环，于是用户陆陆续续地来了，礼品被一一送了出去。

虽然效果不太理想，但张一鸣他们还是很兴奋。“好歹实现了移动互联网定向闭环 LBS 广告啊！”事后，张一鸣这样总结道。这一程的努力也为头条 App 之后的蓬勃发展奠定了基础。

如果当初张一鸣和同事们选择和其他人一样喊喊创新的口号，走走捷径顺便吃吃红利，字节跳动就不会有今天的成就，今日头条更难以收获如今的影响力。

现实生活中，创业者立志开创一番属于自己的事业时，大多满怀激情与自信。然而成功并不是短时间内就能达到。创业初期，起起伏伏属于常事，我们如果因为现况不如意就心急如焚、胡思乱想，甚至为追求快速见效一味钻空子走捷径，迟早会栽跟头。

比如，很多人听说一个热门项目能挣大钱，便一股脑地投资了这个项目，结果赔光了资本；听说这个行业即将迎来风口，便都挤在一起走“独木桥”，结果谁也没落着好处……

创业，如果急于求成，结果必然是失败。按张一鸣的话来说便是：“一味钻营巧径会‘误入歧途’。”可若踏踏实实走稳每一步，哪怕表面上看来我们努力的姿势很笨拙、成效很缓慢，可是，量变迟早会引起质变，何况那种进步与成长是“货真价实”的。

为了佐证自己的观点，张一鸣还举了个例子。当年，他和手下团队完成第一个信息流个性化推荐广告时，脑海里不由得蹦出《史蒂夫·乔布斯传》里的一个情节。

乔布斯 17 岁生日时，父亲送给他一辆车。虽然那辆车实在破得不成样子，但对乔布斯依旧有着很大的吸引力。乔布斯心里隐隐藏着兴奋，他说：“But still it is a car。”

李嘉诚曾说过这样一句话：“创业本身就没有捷径可走，世上根本没有好赚的钱——如果有，那也会让人付出更为沉重的代价。”创业者不能有跟风心态，更不能因为追求所谓的“巧径”放弃脚踏实地的努力，这样反而会导致半路扑街的结局。我们要始终保持理性的判断，心怀大局，逐步布置、规划、实践梦想中的蓝图，这样努力才有意义。

5 创业理念：从根本上解决问题

“治标不治本”是行医更是做人的大忌。问题如病，对症下药才能药到病除。如果只做表面工作，只怕会后患无穷。从根儿上解决问题，是张一鸣创业的基本理念。

2016 年 2 月，今日头条发起了一个面向全国的公益寻人项目，即头条寻人。项目开启前，张一鸣与手下团队有过多次讨论。他说自己曾见过其他公司也做过寻人项目，“往往是在一个根本打不开的页面上放上寻人启事，用户看到的时候，小孩可能都走失一个月了，而且也不在同一个城市”。有些同事提议说，头条也可以这样做。

张一鸣对此很反感，在他看来，采用这个方法根本就找不着人。而今日头条决定做寻人项目不是为了搞噱头，如果只做表面功夫，那不如不做。“如果我们要做，就必须认真找到能解决问题的办法！”张一鸣掷地有声道。为了解决本质问题，他不惜付出更大代价。

在他和同事们的努力下，到了 2016 年年初，头条寻人逐渐打开了知名度。公司内部围绕着“如何实现从 LBS 广告到 LBS 寻人”等问题发起了另一轮的讨论。

在燕郊达成第一例成功案例后，工作人员针对“找到一个人所需的成本”进行了认真的测算。此时，一个问题久久旋绕在张一鸣心里：“（头条寻人大袋）1 亿 DAU 的时候，是不是就能大规模地解决需求了，我们有没有机会和能力承担全中国的寻人信息？”

头条团队在实践过程中将这种不达目的誓不罢休的精神发挥到了极致，他们逐渐延扩着寻人的范围，由单一维度的寻找走失者慢慢进阶到了广泛意义上的寻人寻亲。如今，头条寻人已经升级成为国内影响力巨大的公益寻人平台之一。

截至 2018 年 9 月 13 日，头条寻人共弹窗推送近 5 万例寻人启事，并成功找到 7000 人。更值得一提的是，头条寻人最多 1 天寻回 29 人，最快 1 分钟找回。

张一鸣对头条寻人今日取得的成绩很是骄傲，在字节跳动 7 周年庆上，他感慨道：“后来，我发现美国有一个系统叫 AMBER Alert，跟我们自己摸索出来的系统很相似。希望我们所有的公益项目都认真追求可持续、大范围、高效率，不要做表面工作。”

很多年轻人觉得创业就是当老板，当他们成为真正的创业者后，才发现事实并非如此。找人、找钱、对内管理、对外公关……令人头疼的问题接踵而至。

有句话说得好，创业的过程就是不断发现问题、不断解决问题的过程。为了解决问题，你会绞尽脑汁，想遍方法，用尽人脉。慢慢你会发现，这个市场从不关心你失败的原因，它只在乎结果。只有练就了从根本上解决问题的能力，才能迎来创业胜利的曙光。

樊登读书创始人樊登在一次演讲中这样说道：“创业一定是来自你想要解决一个社会问题。创业绝对不是贩售自己已有的技能。你发现这个社会问题没解决，心里不舒服。一开始没想到自己能解决，认为有可能解决不掉，在做的过程当中不断提升自己的能力，直到最后找到一个秘密，可以解决掉这个社会问题，这才是创业的过程。”

创业之前，樊登是一位培训师，四处给人讲课。虽然收入不低，但樊登却觉得很痛苦。因为他所有的收入都与时间挂钩，边际成本很高。为了寻找到更快的挣钱方法，樊登更用心地观察起生活来。很快，他发现很多大学生都会找他推荐书单。但他们往往买了书又不看，要么没时间要么看不懂。樊登一眼抓住了问题的核心：整个社会的阅读能力在不断下降。

为了解决人们读书难的问题，樊登将书里的精华都提炼出来，做成PPT售卖。很多人对此很感兴趣，踊跃订购。但樊登后来发现，买的人虽多，看的人还是很少。

可见PPT并未解决这个问题，反而都被挤压在了人们的邮箱里。樊登总结说，这证明了“如何让人们更省时省力地读书”这一问题一直存在，且大多数人都愿意买单，只是解决问题的手段需要重新思考。为了从根本上解决问题，他引进了互联网，并因此大获成功。

创业，归根结底是考验一个人从根本上解决问题的能力。大部分企业都倒在了问题上，产品技术的问题、内部管理的问题、人员调动的问题、前线销售的问题，等等。

很多问题刚出现时很不起眼，随着时间流逝却慢慢发酵成大问题，最后拖垮了企业。问题就像野草，生命力极其强盛，如果我们锄草时不能“绝其根本”，只怕会后患无穷。

很多成功的创业者并不是生下来就具备解决问题的能力。甚至很多人因为教育背景欠缺或阅历、经验不足等原因，面对某一类问题的时候总是感到格外生疏、手足无措。但能力是可以培养的。创业过程中，每逢问题发生，都不要轻举妄动。不妨细心观察，通过现象摸清本质。

在这个过程中慢慢找到方法和规律，渐渐培养自己对复杂事物的洞察力和判断力。并学会举一反三，积累属于自己的一套方法论。而你积累的经验一定是经得起实践考验的。

一些经验不足的创业者会将“发现现象”与“解决问题”相混淆。想要成为行业佼佼者，就要透过现象找对本质症结，并一劳永逸地解决问题。而不是针对现象解决现象。当然，想要从根本上解决问题，光靠聪明不够，我们还得有决心、有毅力，不怕麻烦，迎难而上。

不肯吃苦的人总是避重就轻。而有恒心、有毅力的人却懂得从一开始就直奔中心，从根源上入手，永久地解决问题。他们更懂得未雨绸缪，而不是临渴掘井。

6 有格局的人，创业成功的概率大

张一鸣曾说："ego（自我）的反义词是格局，务实和浪漫本质上就是要做到 ego 小，并且格局大，这样也才能有同理心、有想象力。"

在他看来，拥有大格局的人，大多心宽眼阔。这样的人，通常能达到常人难以企及的人生高度。学会缩小自我，放大格局，人生将不可思议。

"字节跳动"的辉煌之路开始于北京海淀知春路锦秋家园的一间四居室里。张一鸣从一开始就想好了公司的中文名和英文名：字节跳动，ByteDance。这时候，他在意的不仅仅是国内市场，还有广阔的全球市场。他不满于个人的成功，而是要做"大的事情"。

这种大格局，还体现在他对星球宇宙的莫名关注上。2016 年，张一鸣曾提起一部名为《宇宙时空之旅》的 BBC（英国广播公司）纪录片。这部片子将宇宙恒星的起源、演变、消亡等一系列过程阐述得动人心弦、引人入胜，还介绍了人类对于宇宙认识的发展与进化。

从基本微粒原子到漫游宇宙的一颗颗星球，从进化论到观测天文学，其中有包括现代天文物理学的起源发展、黑洞、哈雷彗星、超新星、暗物质等在内的"宏大叙事"；也有包括肉眼不可见的水熊虫、光合作用原理、电子云、核聚变、中子等在内的"精微的事物"。

张一鸣："这个纪录片对我影响很大，它让我觉得人类很渺小。"这部纪录片还引发了张一鸣关于企业管理的诸多思考，也就是他后来反复强调的：ego 和格局应该是一对反义词。凡是杰出的企业和人才，不但要做到格局大，还应做到 ego 小。”

所谓的“ego 小，格局大”，就好像宇宙星球或者电子运动，每种物质都有足够的空间去发挥自己的潜力，去演绎自己的生存壮大史；若“ego 过大、格局太小”，就好像一个密封箱子里装满了膨胀的气球，互相挤压、倾轧彼此的生存空间。

张一鸣举例说：每当公司业务发展处于上升期的时候，很难出现办公室政治，因为发展快代表格局变大。这时候，哪怕大家 ego 也大，互相之间也不容易发生碰撞。然而，一旦公司发展处于平缓期，就容易挤在一起了。于是，互相拖后腿的情形层出不穷。

现实生活中，对“实现自我”迷之执着的人看问题的视线很容易被遮挡住。而 ego 越小，便越能够认识到自己的渺小，越容易看清楚自己与世界、他人的关系。前者总是不够包容，常常犯“因小失大”的错误；后者因格局宽广，往往能站在高度思索、解决问题。

IMS 创始人李檬谈起美团和小米的成功时，用了这 8 个字来概括：“赢在生态、胜在格局”。在他看来，创业格局指的是“以未来的眼光看当下发展”。为了实现利益的最大化，创业团队必须缩小 ego，放大整体。同时“让当下的小手笔为未来的大局面做好铺垫”。

而作为创业者本人，则必须心怀大局才能扮演好团队舵手的角色。摆脱情绪的控制，不刚愎自用、不斤斤计较，哪怕遭遇他人挑衅也能用宽广的胸怀去包容、化解。企业家中，雷军的大度人人皆知。2015 年，雷军亮相印度小米新品 4i 的发布会，并发表了一场“独特”的演讲。不久，他的演讲内容被网友编成一段神曲《Are You OK》，迅速火爆了网络。视频中的雷军说着一口蹩脚的英语，神态略显局促。

谁料雷军的《Are You OK》却引来了王思聪的吐槽，对方辛辣点评道：“其实英语不好的企业家我真建议你们就干脆别出国丢这个脸了。”此言一出，网上的“吃瓜群众”们都倒吸一口凉气，甚至有人预言说，雷军与王思聪即将爆发一场口水战。

让众人颇感意外的是，面对晚辈的不敬之语，雷军既没有发火，也没有说些场面话为自己遮掩。他大大方方地向全世界的“米粉”表示了诚恳的歉意。而他的大格局正体现于此，这件事后，大批网友在网上“献忠心”，纷纷说自己被小米圈了粉。

ego 大、格局小的人看待问题的时候总是一叶障目不见泰山，重视自我感受，极端在乎个人利益，结局往往会走向惨败。而 ego 小、格局大的人在一些无关紧要的问题上常常表现得云淡风轻，他们习惯以大视角切入人生，渴望站得更高、看得更远。

当然，格局并非先天注定，与我们目前的处境也没有必然的联系。有句话说得好：“格局是一个人对自己人生坐标的定位。”想要扩展自己的人生格局，我们先得积极调整心态，凡事都从大局出发，同时以包容的心态看待周围的人和事。

创业者必须摆正心态，扮演好自己的角色，自觉担负起属于自己的责任，为了大家共同的目标努力奋进。千万别为了个人的一点蝇头小利损伤团队利益，这其实是在搬石头砸自己的脚。

学会缩小自我，我们才能注意到以往忽略的细枝末节，才能放大自己的格局和世界，承载更多的人与事。而作为一个创业者，如果没有足够大的格局，怎么会有广阔的未来？

7 在看得到的空间里，追求极致

《成都商报》记者曾问张一鸣："你的性格中有没有'做到极致'这种因子？"

在张一鸣看来，"追求极致"意味着"同样一件事，你看到的空间是10分，然后你做到10分，叫追求极致。但你如果看到100分，你只做到60分，在别人眼里已经到极致了。"

"在看到事情的可能性方面，我比较幸运。同样一件事，有的人只看到新闻客户端，我可能看到的不仅是新闻客户端，还是信息分发平台，甚至不仅是信息分发平台，还是创作分发讨论的平台，还能覆盖不同主题和题材。"张一鸣如是说。

张一鸣认为，在这样的广度里，想要做到极致是非常困难的事，即使想要将各部分都做得比较好，也很有挑战性。他坦言："我的标准确实比较高，但我以前做不到每件事情比别人好，所以，我越来越欣赏那些在看得到的空间里做到极致的人，也希望自己是那样的人。"

乔布斯曾坦诚道，他创业从不是为了钱，"人活着就是要追求极致，创造美好的东西，并分享给自己的同类"。雷军谈起自己的创业经验时，提到这样一句话："专注专注再专注。"这彰显了他的创业态度——用极致的专注来塑造口碑，用极致的专注赢取市场与人心。

而张一鸣对于产品的那种精益求精的做派也让业内人士称赞不已。

拿微头条来说，他想要的绝不只是“超越微博”，为了能在看得到的空间里做到最好，他和手下团队夜以继日地打磨产品功能，针对一个小细节反复斟酌、修改，最终完成了一整套智能推荐系统。

可见，顶级创业者们都有着相同的特点：保持卓越的目光，全身心投入创业的每一个流程，并拼尽全力做到极致。这是他们一再获得成功的原因。

拥有极致精神的创业者，都是一丝不苟、精益求精的偏执狂，他们能把那种心无旁骛的专注持续到最后一刻。为了达到最佳的用户体验，打造理想口碑，他们宁愿不眠不休。

而那些糟糕的创业者们大多抱着“差不多”的心态，却从不以“尽善尽美”作为创业的标准与目的。由这一类创业者所领导的团队的竞争力和创新能力必定是每况愈下的。

任正非曾前后 9 次前往日本。他发现，日本的百年企业其实都没有太多的技巧，无非在传承一种精神——工匠精神。匠人们往往会用一生的时间去钻研、做好一件事，以此证明“极致”的存在。追求极致，“傻傻”的坚持，也是华为人的“匠人精神”。正如任正非所言：“华为从年产几百万到年产 4000 亿，也许正是靠着‘匠人精神’做起来的。”

雷军做小米时，更是将这种追求极致的精神发挥得淋漓尽致。一次工程机的试验过程中，研发团队决定采用不锈钢来制作手机边框和中框，如此一来，整个机身重量便达到了 159 克。雷军觉得这样的手机拿起来会“有点重”，他和研发团队商量，能否将手机边框结构改为其他材料，让机身重量至少减轻 10 克。手下团队硬着头皮答应下来。

为此，整个项目组不得不将前几个月的工作成果推倒重来，反复讨论、试验，最终决定用铝镁合金来替代不锈钢制作手机中框，他们整整花了 2 个月的时间才实现了雷军的要求。

在看得到的空间里追求极致，首先需要我们尽量开放心胸、提高眼界，能看到的空间越大，就能将极致的尽头推得更远。正如张一鸣想要利用全球配置的优势，做出更好的产品，取得更好的成绩。他所能看到的空间是同龄创业者们远远无法企及的。

以张一鸣为榜样，如果你立志去追求极限，先想想自己的标准是什么。作为一位创业者，你能够看到的空间究竟是 10 分，还是 60 分，抑或是 100 分。

追求极致，少不了整合资源的能力。高维科技创始人郭鑫说，他一直在思考一个问题："一个成功的企业是怎么从 0 走到 1 的？"在他看来，可能有 2 种思维方式。第一种是"把上一次的成功经验再复制到下一个创业企业当中去"，第二种是掌控资源并不断地整合资源。郭鑫认为第二种思维无疑更适合今天的创业者。

那些伟大的创业者们都能有效配置和利用可得到的有限的资源。进行一系列整合活动，才能适应变幻莫测的市场，迅速向前推进，并在这个过程中无限地接近"极致"这个目标。

而追求极致的创业者，凡事要么不做，要做就做到最好。合格远远不是他们做事的标准，心无二用的专注和不可思议的偏执将全程贯穿于他们的创业生涯。

8 让企业持续活下去，就是成功

马云曾忠告后辈创业者："活下来"才是首要任务。张一鸣也曾在不同场合表达过类似的观点，他说，创业者最重要的事情是让企业持续生存下去。

2019 年 5 月，字节跳动推出最新"社交武器"飞聊。飞聊上线后一度受到网友们的热捧，最高峰时排在 App Store 免费总榜第 8 名。谁料没过多久，飞聊慢慢沉寂，排名亦跌落 200 名开外。有人评论说，飞聊的热度还比不上另一款形势同样低迷的社交产品多闪。

见抖音的成功并未被复制，外界出现了一些质疑的声音："字节跳动是否还具备生产爆款的能力？"对此，张一鸣很淡定。字条跳动推出飞聊与多闪，并不单纯是为了挑战微信，它最终的目的是攻下"社交堡垒"。张一鸣显然在下一盘大棋。

字节跳动给出的关于飞聊的官方解释是："飞聊是一款开放社交产品，是即时通信软件和兴趣爱好社区的集合，致力于帮助用户发现同好者。我们希望飞聊能够连接起拥有共同爱好的朋友，让大家的生活变得更加丰富和有趣。"作为 UGC 主题社区产品，飞聊的用户很难快速找到社交机会。网友说，飞聊无疑是一款需要"慢养成"的产品。

张一鸣并不急于看到成果，他很懂得延迟满足感。而活下去，是这一时期的飞聊及多闪最主要的任务。资深业内人士对此也心知肚明。

2018年年底，飞聊正处于紧张研发过程中，关于这款产品的传闻不胫而走，YY创始人李学凌发朋友圈说："我赌张一鸣的飞聊能够成功。创业成功的定义其实就是能够持续活下去，但不一定规模做得那么大。真正的规模是时间的产物，如果在一个小规模下能够有活下去的理由，就会持续成长。"李学凌摸透了张一鸣淡然、坚忍的性格，才会说出这样一番话。

这其实很值得初创企业者去参考与借鉴。很多年轻的创业者往往还没展开行动，便沉溺在能做多大、能走多远的幻想中。一旦现实与幻想有了落差，便失去前进的动力。可是，对于这一阶段的他们而言，必须延迟满足、降低期望，做到先活下去，才有资格谈论未来。

创业路途中，所有的拼搏者都希望事情能朝着好的方向去发展，能如自己想象的那般圆满顺利。然而，现实情况往往是，希望越大，失望越大。创业者要学会降低预期，并拉长奋斗的战线，时间迟早会回馈你想要的一切。

很多互联网大企业在创业之初其实都只有一个目标，那就是持续活下去。正因他们做到了只在乎长远目标、不在乎短期收益，慢慢"开枝散叶"、发展壮大，才有了今天的成就。

一次论坛上，柳传志神情严肃地表示，先让企业活下来，才能寻求改变，才能想以后的事情。他介绍说，联想创立之初，做出了一款很不错的产品——联想汉字系统。在研发团队的预期中，这款产品一定能引爆市场。然而，产品在市场中的反馈远没有想象的火爆。而且，柳传志还发现，光靠这一款产品，公司根本无法生存下去。于是，他第一时间降低预期，并围绕"活下去"的目标做出种种改变措施，这才让联想成功突围。

回忆往事，柳传志感慨地说："让企业活下来，活下来就得有合适的业务模式。和业务模式配套的一系列内容，包括组织架构、人员、激励、上下游关系等，都需要总裁考虑。这就是最简单的事，自己先活下来再说。"

华为创始人任正非也一再对员工强调：“活下去，永远是硬道理。”他说自己常常在思考一个问题：“这两三年要干什么，如何干才能活下去？”

1992 年，华为成立刚满 5 年。想当初，华为的注册资本只有 2.1 万元，可到了第 5 年，它的年销售收入成功突破了 1 亿元人民币。

刚刚成立时的华为周围强敌环伺，而且整个公司的产品技术处于劣势，任正非不得不暂时收敛起那一份雄心壮志，带领所有员工努力奋斗，才在激烈的市场竞争中站稳了脚跟。看到辛苦 5 年的成果，任正非当时只说了一句话：“我们活下来了！”

想要持续活下去，我们得适应慢成长，具备等待的能力。在张一鸣的规划中，飞聊与多闪绝不仅仅止步于此，但它们也许会经过一段十分漫长的成长期。对此，张一鸣做好了反复失败的准备，他着意要拉长战线，使未来能攫取更大的收益。

初创企业必然得经历一段艰难的生存斗争。然而，很多创业者在公司还没完全站稳脚跟的时候就急吼吼地扩大规模，只为了能早一日挣取高额利润。最后达不到预期的结果不说，反而还栽了个大跟头。马云一直强调，做企业首先要有吃苦 20 年的心理准备。先让企业持续活下来，才能有赚钱的资本。而这无异于是创业者最大的生存智慧。

第 二 章

定 力

保持耐心随时等待机会

定力，指一个人具备处变和把握自己的意志力。张一鸣强调创业要耐得住寂寞，不要总想着春播秋收。他认为成功就要定下心来做得比别人认真，要学会有准备地等待，蓄积力量等待主动出击的机会。这些都淋漓尽致地诠释了定力在创业过程中的重要性。

1 创业要经得住眼前诱惑

张一鸣曾在微博中写道：“以大多数人满足感延迟程度之低根本轮不到拼天赋，什么是努力？早出晚归、常年不休的人很多，但差别极大，区别好像不是努力。”

他曾与朋友谈起一本书，M·斯科特·派克所著的《少有人走的路》。张一鸣说，这本书对他的人生产生了很大影响，书中极力推崇的“延迟满足感”这一观点甚至左右了他的一些创业选择。作者探讨说，想要对抗人性的弱点，不妨将满足感延后，并重新设置人生中快乐与痛苦的次序，唯有放弃暂时的安逸与享乐，才能在不远的未来收获更大的快乐。

M·斯科特·派克坚持认为：“这是唯一可行的生活方式。”这句话击中了张一鸣的心。从那以后，他反复咀嚼着“延迟满足感”这5个字，并在实践中有了更深的体会。

多年后，已功成名就的张一鸣频频在演讲中劝说年轻人要尽可能地延迟满足感，而不要总想着做春播秋收的事。他说，经验不足的职场新人抑或年轻创业者最渴望得到即时的反馈，于是总被某一阶段的付出牵着鼻子走，变得手忙脚乱、失去方向。

正如张一鸣所言，忘记自己还有更大的目标要征服、更重要的事情去坚持的人是可悲的。请静下心来，耐心耕耘。你要相信，成功的喜悦或许会迟到，但不会缺席。

延迟满足感意味着什么？20 世纪 60 年代，斯坦福大学 Walter Mischel 博士做了一个著名的实验，即“斯坦福棉花糖实验”。实验对象为一批孩童，Walter Mischel 博士给孩子 2 项选择：马上得到一样奖励，比如 1 个棉花糖；或等待一段时间，得到 2 个棉花糖。

根据实验结果，我们发现，那些为了获得更多奖励而坚持忍耐更长时间的孩子，往往能在今后的人生路程中获得更好的发展。他们的 SAT 成绩、教育成就、身体质量指数等都超过那些选择即时满足的孩子。由此可知，延迟满足指的是为了更有价值、更值得期待的长远目标而放弃一时的享乐与愉悦，以及等待中所展示的自我控制能力。

与延迟满足感相对应的是即时满足感。在这个互联网技术日新月异的时代，生活中放任满足感的行为比比皆是：上班时间偷偷逛论坛；下班了刷个抖音短视频；不开心了去吃个火锅，打打王者荣耀……五花八门的即时娱乐方式正在麻痹着年轻人的理智，然而，短暂的神经满足感过后，他们的心却很容易陷入巨大的空虚感和愧疚感之中。

对即时满足感有着强烈渴望的人，会更倾向于去做春播秋收的事。在“一件事只要付出，就得立马获得收益”的心态的影响下，他们的职业选择、人生规划都会以舒适、稳妥、见效快为主，显得功利十足。问题是，这个世上，凡是伟大的事业必将走过一段荆棘之路。

延迟满足感，目的是让我们放弃外界的诱惑，放弃当下的满足与享受。这带给我们的却是不断精进的机会，不断扩宽的途径。忍受寂寞的过程中，我们的学习力、适应力都将得到提升。可见，阻碍我们成功的最大的障碍从来不来自外界，而在于我们自己。

张一鸣说：“我看过很多企业传记，我发现特别大的企业都是坚持最优化发展，比如说亚马逊一直保持‘低空飞行’，包括阿里巴巴 2012 年之前都没有什么利润。

以前我们讲春播秋收，要很快看到成效，但这个时代的变化就是，你不需要特别着急收获。你要去想如何把最优的目标推到尽可能远，要去想你最终做的事情可以推演到多大。延迟满足感，会让你不用天天想着春播秋收，而是先把最优的目标推得很远很远。”

很多创业大佬都懂得拒绝即时满足，他们始终明白自己最想要的是什么。扎克伯格便是个中翘楚。2017 年，他回到母校哈佛做了一场精彩演讲。演讲中，扎克伯格提到一件事，22 岁时，他所创办的 Facebook 遭遇危机，一度徘徊在破产的边缘。很多人找到他，希望能买下 Facebook。那些人的出价一个比一个高，却都遭到了扎克伯格的拒绝。多年后，扎克伯格坦言，那时候他并非不动心，可是一想到自己创业之初的目标——“连接更多的人”，发热的头脑便立时冷却下来。

我们很难预测大自然的变化，春天时种下一粒种子，到了秋天就一定能收获累累硕果吗？如果只想做春播秋收的事，无疑是将自己的未来局限在了一方狭窄天地里。

像张一鸣说的那样去做，凡事基于长期来做思考，不仅仅着眼于眼前的利益，也不为短暂的失败而苦恼。尽量延迟满足感，我们的心态会越发趋于理性，做事也将更从容与专注。

2 目光放远，赶跑创业的焦虑和迷茫

张一鸣说，他曾参与过 4 家创业公司，但每次都没有坚持到最后。他很少因为这些失败经历抑郁难平，只因他很早就意识到，将目光放远一点，才不会被负面情绪绑架。

2005 年，张一鸣大学毕业，恰逢国内互联网行业迎来高速发展期，腾讯和百度借机上市，阿里巴巴也大力推出淘宝网和支付宝。互联网浪潮迅猛袭来，张一鸣敏锐地察觉到，自己的梦想有了“变现”的机会。他找来 2 个帮手，共同开发一款协同办公软件。

令他们苦恼的是，启动资金是个难题。张一鸣后来想到做兼职来赚钱。于是，他和 2 个小伙伴在网络平台上接任务做，为了挣一点报酬整天忙得天昏地暗。

在常人难以想象的努力下，“三人组”收入渐增，平均下来，每天也能赚 1000 多元钱。那段日子里，他们一边挣钱，一边忙着开发软件。虽然辛苦，大家心里却很满足。

就这样坚持了大半年，他们成功开发出了一款 IAM 协同办公系统。可惜的是，当时“协同办公”在国内的市场潜力有限，有关产品的错误的市场定位令他们一败涂地。

开发出来的软件根本没人买，张一鸣急得彻夜难眠。他强逼着自己冷静下来，不去考虑眼前的困境，却展开了关于未来的各种美好幻想。

渐渐地，他的情绪平复了下来，人也变得清醒而理智。痛定思痛之下，张一鸣解散了团队。他重整行装，准备再一次出发。

从那以后，每逢面临失败，张一鸣都没空去伤心、难过，而是忙着畅想未来。他说一切得朝前看，“你（得）把看重的事情挑出来，放在一个更长的时间段里，看它 3 年、5 年、10 年之后还是不是自己想要的……”

权威数据显示，初创企业的失败率高达 90%。从这一点而言，创业者在心理上是独特的，焦虑与痛苦如影随形。而面对不确定性和威胁，颇具智慧的创业者会将目光放远，在奋斗的历程中百折不挠、随机应变。他们大多拥有一颗强大的心脏，有一双目光长远的眼睛。

而那些缺乏经验的创业者们一旦摆出努力的姿势，就总想着第一时间收获成效。一旦遭遇挫折、失败，信心就立马被浇灭，整个人也被焦躁的情绪牢牢困住。

很多创业大佬起步之初，都曾遭遇失败的洗礼。马云人生中第一次创业，是在 1994 年 1 月。他和朋友一起创办了一家海博翻译社。他们辛辛苦苦忙了 1 个月，挣了 700 元。可当月房租就得交 2400 元。为了将翻译社撑下去，马云不得不开启了“第二兼职”。

他将翻译社的一半店面租了出去，然后背起麻袋赶去义乌批发工艺品、袜子、内衣、鲜花等来卖。为了赚取更多利润，他常常上门推销产品，为此曾遭受无数白眼。

后来，马云带着阿里巴巴团队前往北京接手了一些政府项目。这是他第四次创业。谁知忙了 14 个月后，马云还是决定要结束北漂岁月。这意味着他再一次创业失败。离开北京前夕，马云与阿里团队来到一家破旧的小饭店。屋外下着大雪，马云和小伙伴们大碗喝酒、大块吃肉，最后抱在一起痛哭流涕。他们还激动地唱起一首《真心英雄》……

第二天起床后，马云又元气满满地出现在众人面前。那些年，纵然一次次经受失败的打击，他也从未有过怨天尤人的时刻。只因他知道，将目光放长远些才能赢得未来。

张一鸣也说，只有专注于长期目标，才能赶跑焦虑迷茫，才不会惧怕失败。那么面对负面情绪，我们具体应该做些什么呢？业内人士分析说，首先创业者要挖掘自身焦虑情绪的根源。绝大多数创业者的负面情绪来源于对特定结果和身份的依附。

比如依附于某一种期望、想法或者结果，包括对一位极具分量的客户或投资者的依附；对全情投入的某个特定产品的依附；对近期内现金流为正的依附等。

扪心自问：“究竟是哪种身份驱使着这份依附？”“我是否太过致力于在所有投资者、客户、下属面前树立一个极其‘高大伟岸’的形象，并迫不及待地想要告诉所有人，我是一个极具颠覆性的创业者？”你的期望太过急切、目标太过远大，可能是焦虑的源头。

创业的过程中，时刻保持虚心是必要的。摆正心态，不喊不切实际的口号，以中肯、踏实的态度示人。这样就算创业有起伏，也能得到大多数人的谅解。

同时，为自己的创业之路设立一个长期目标，在此基础上分解目标，确定一份可执行的短期行动计划。记住，上进当然是一件好事，但千万不能贪心，做什么事都要追求一步一个脚印。每向前迈进一步，不妨给自己一点奖励，这能有效地减缓焦虑情绪。

中国绝大多数的企业之所以发展缓慢、经营艰难，老板长期处于迷茫和焦虑中，多半是因为驻足于眼前的利益，只有阶段性的目标，而没有长远的方向。成功的创业者永远目光远大，因为站在全世界，所以不会为一城一池的得失而迷茫焦虑。

3 每一段创业经历都很寂寞

很多心怀大志的年轻人往往头脑一热，就辞职去创业。谁料问题接踵而至。一没经验，二无人支持理解，大多数人都陷入了迷茫中。张一鸣曾一针见血道："每一段创业经历，都挺寂寞的，尤其在苦闷纠结的时候。"只是，如果守不住寂寞，就等不来繁华。

今日头条的旧办公室位于北京海淀区的盈都大厦 10 层。很长一段时间里，张一鸣挤在 100 多位工程师之间，他们静静坐在电脑屏幕前，每个人脸上都写满了寂寞。

有时候，他会和同事们一起聚在办公室里吃烤翅。每逢谈论起未来，张一鸣脸上就不禁流露出向往的神情。他想象着大家搬到崭新的办公大楼里，在风景独好的办公室楼顶露台上搭架烧烤……这美好的幻想让大家更有动力去坚持，去耐心等待云开雾散的那一天。

向着梦想奔跑的时候，迷茫、孤独是常态，虽然很多时候我们只能一个人扛，但千万别以为只有你在经受寂寞。这世上真正的天纵奇才毕竟少之又少，那些看似风光无限的顶级精英，大多从底层做起，一步一步完成身份的转变，一点一点攀上人生的高峰。

可见，但凡成功人士，总会经历一段无人支持、无人帮助的黑暗岁月。这段时光，恰恰是自我沉淀与成长的关键阶段。好比黎明前的黑暗，当你挺过去的那一刻，天也就亮了。正如熬过那段寂寞时光后，今日头条大放异彩，张一鸣和小伙伴们也迎来了人生的高光时刻。

雷军创办小米前，也曾经历过一段难熬的岁月：“那半年，没有一家媒体想要采访我，没有一个行业会议邀请我参加。我有的是时间，没人记得我。我似乎被整个世界遗忘了，这个事实冷酷而不争。人情冷暖忽然间也明澈如镜。那个阶段，我变得一无所有，除了钱。”

他没想到的是，立志创办小米后，孤独的阴云非但没有散去，反而变得越来越厚重，压得他喘不过气来。他想要创建一款手机，一改国内智能手机的市场布局，并做到龙头老大的位置。针对他的豪言壮语，很多人却嘲笑说：“你雷军从没做过手机，不亏就不错了。”

事业进行得不顺利，每次面对员工和投资人，雷军只感到压力山大。事后他回忆说：“你面对员工的时候，很难向他去解释，公司可能只有发 3 个月工资的钱，甚至 3 个月之后发工资的钱从哪里来，我都不知道。你无法和他们去分享这个事实。你同时还得和他们讲，你在干一件非常伟大的事情。而事实上，你连明天干什么都不知道。”

幸好，雷军天性顽强。当他按捺住负面情绪，一心投入小米的布局中时，事情有了转机。仅仅用了两年半的时间，小米便冲出亚洲，坐稳了世界手机市场的第 3 把交椅。到了第 3 年的春天，雷军实现诺言，小米一跃成为中国智能手机领域当之无愧的第 1 名。

创业路上有说不尽的辛酸与坎坷，从没有人随随便便就能实现梦想中的未来。若缺乏耐心的积累，抵御不住寂寞的侵蚀，哪怕偶然得到幸运的青睐也无法坚守梦想。只有像张一鸣、雷军这样立足根本，坚守寂寞，不屈不挠，才能成就梦想，赢下一片属于自己的天空。

其实，创业旅途中，孤独是常态。你总会遇到无人与你同进退，无人向你伸出援手的情况。那么，如何才能使自己的内心强大到成功抵御这孤独？

其实，成年人的生活没有“容易”二字，创业者们尤其要学会一个人孤军奋战。与其逃避现实，或强迫自己去驱赶心中的孤独与寂寞，不如坦然去接受它、拥抱它，耐心品评这寂寞的滋味。

创业者不妨将所经历的一切都当成一场难得的修行。虽然有些人还未开始便选择了结束，有些人行至中途却因忍受不了内心的折磨仓促离开，可也有一些人纵然每一步都行得艰难无比，可还是咬牙挺到了最后。久了，你便不再怕这寂寞，反而会感谢这寂寞。它让你的灵魂变得丰富有层次，让你的性格变得坚韧，让你的大脑变得越发清醒、敏锐……

创业者耐得住寂寞，才能实现自我的成长。今天的你之所以强大镇定，离不开昨日孤军奋战的锤炼。如果你心怀梦想，就请瞄准前方，在寂寞中默默蓄力。哪怕经历挫折与溃败，也不要放弃希望。将落寞视为一次小憩，静静等待自己一飞冲天的时刻。

4 耐心等待努力的事情逐步发生

马云曾告诉我们，创业虽然需要速度，却也缺乏不了耐心。纵观历史长河，成功之人必得经历“忍耐”二字。张一鸣就是一个很有耐心的人，他深信，耐心是成功的核心素质。

张一鸣大学毕业后曾数次创业，每一次，他都耐心耕耘，默默等待成功。他说那几年创业环境十分艰辛，前途晦暗不明。他身边的人包括他自己都抱着“有今天没明天”的心情在工作，谁也不确定自己目前的付出短期内就能见到收益。可贵的是，大家依旧劲头十足。

公司派出去的员工“潜伏”在居民楼里，想尽办法收集资料，研究用户需求。留在公司里的人则夜以继日地蹲在电脑前敲代码。大多数人都籍籍无名，再好的想法也不可能及时转化到产品上，所以大家必须要承受一段艰辛、漫长的播种期。

“有耐心，能独处，并基于长期思考做判断，而且不为短期因素所干扰，耐心地等待你设想和努力的事情逐步发生，这对创业来说是非常重要的事情。事实上，你经常想象得很美好，设计得也很完整，你也很努力，但你所期待的事情，经常需要很长时间才能发生。”张一鸣如是说。在他看来，一个人有多大的耐心，成功概率就有多高。

几乎所有成功的创业都是逆成长的。在初期阶段，创业者需要克服的问题与阻力层出不穷。到了创新阶段，创业团队面临的压力会更大。

而且，很多产业虽然前景灿烂，但短期内一般都会面临巨大的抗性。创业者唯有耐心地攻坚克难，才能迎来胜利的曙光。

然而，随着互联网技术的发展，信息传播进入高速发展的时代。越来越多的年轻创业者倾向于“一锤子买卖”。正因如此，当前社会中各式融资会、概念公司才争先恐后地开起。只是，这些新生企业的生命周期一般都很短暂。殊不知，唯有耐心地去贴近用户、打磨质量，这样的企业才能长久发展。这样的创业者才能在激烈的竞争中始终立于不败之地。

“微信之父”张小龙的忍耐力让业内人士赞叹不已。1998 年秋天，周鸿祎来到广州，就在这趟行程中他第一次见到张小龙。彼时，张小龙和十几名同事挤在一间又破又小的办公室里，他那副优秀而又落魄的技术人员的模样给周鸿祎留下了深刻的印象。

当时张小龙已经做出了 Foxmail，这款软件在当时就拥有 200 万用户。周鸿祎正是慕名前来，向张小龙讨教经验。当周鸿祎发现 Foxmail 根本没有商业模式时，便劝说张小龙要加广告、要盈利。张小龙却不同意这个做法。他们每次争着争着，张小龙就会突然沉默下来。多年后，周鸿祎感叹道：“这样的一个人怎么就做出了微信呢？”

基于骨子里的坚韧与耐心，张小龙宁愿忍受清贫的生活，忍受诸多坎坷与磨难，也要向着心中的目标进发，永不放弃。当其他创业者纷纷寻找风投向商业进军时，张小龙却沉下心来，耐心等待属于自己的契机。那段时间，他夜夜伏案桌前，一遍遍读着 Foxmail 用户的来信……

然而，基于种种原因，Foxmail 还是逐步退出了历史的舞台。面对他人惋惜乃至质疑的目光，张小龙依旧不为所动。他从不后悔当初的选择，也没有时间去懊悔、颓丧。他再一次选择了静静等待，默默努力。终于，他等来了微信的巨大成功。

“创业成功的决定性因素是什么？”面对这一问题，几乎所有的投资机构都会给出同一个答案：“创业者心态。”除了盈利模式、技术门槛这些现实因素之外，创业者最缺少不了的是一颗充满韧性的心脏。而这颗

“心脏”，能为你提供源源不断的耐心和动力。

缺乏耐心的创业者通常欲望繁杂，想要的过多。可那些成功创业者通常对心中最初的那份渴望及最想坚持的事情无比执着。他们会一路向前，朝目标坚定不移地走下去。

比如，无论是张一鸣还是张小龙，他们最大的目标都是做出最极致的产品，至于声名、财富、地位，在他们看来都是次要的。这是他们始终能保持耐心、专注的秘诀。

网上有句话是这样说的：“雄心的一半是忍耐，成功的一半是等待。”移动互联网拥有超越时间和空间的优势，这造就了很多“一夜成名”的新锐创业者。但对于绝大部分的年轻创业者而言，创业之路是无比漫长的，变数迭出。我们随时可能经历寒冬。

一方面，随着技术和终端的不断变化，市场竞争格局很难定型；另一方面，用户心理也在不断朝前发展。创业者若缺少足够的耐心，盲目追逐市场潮流，迟早会被掀翻在沙滩上。

马云说，他要做一家 102 年的企业。雷军说，他要做一家世界级的公司。张一鸣也劝导年轻人，要耐心等待努力的事情逐步发生。为此他们必定会将战线拉远，一边积蓄力量、一边纵横布局。只因创业是场没有终点的持久战，谁的耐力最好，谁才能走得更远。

5 耐心等待，更要有准备地等待

张一鸣说，年轻时候的他，一直在等待一个出人头地的机会。但他并不是在盲目等待，等待的同时，他也在做充足的准备。比如，枯燥、寂寞的大学时光里，他用别人打游戏、打牌的时间，阅读了各种各样的书，尤其是人物传记。

张一鸣读那些传记的时候，最大的收获是“那些伟大的人，在没有成为伟大的人之前，也是过着看起来枯燥的生活，每天都在做一些微不足道的事情，但这些事情最后从点连成线，成就了他们。”这让他更加坚定，一定要利用好时间，一边等待，一边努力。

正因张一鸣不断扩充自己的知识体系，后来，当他进入互联网行业并开始创业时，他发现自己脑海中“各种各样的知识早已连成线”，这使得他能“快速理解行业、理解管理，更快地掌握不熟悉的领域，包括如何让信息得到更有效率的组织和分发，从而改变各行各业的效率。”

这段时间，张一鸣还做了一件事情：耐心寻找合适的创业伙伴。他接了不少外包项目，并招来很多对编程感兴趣的同学、朋友和他一起做。后来，这些志趣相投的人陆续加入了他创办的公司，成为他信任的创业伙伴和倚重的技术骨干。

张一鸣回忆起那一阶段的自己，说：“耐心非常重要，不仅是等待的耐心，还要有耐心做深入思考，还要有耐心找到更多更好的合作伙伴。

我觉得，有些心智确实需要在比较安静的环境里才能培养，比如踏踏实实做事、做事情不讲捷径、尽可能基于长期来做思考。”

微生物学奠基人巴斯德曾说，有关“等待”分两种：一种是无所事事地、毫无目的地去等待；另一种是在等待过程中做各种准备工作，比如开阔眼界、积累知识和经验，等等。

在巴斯德看来，幸运只能帮助那些思想上、行动上早有准备的人。只有那种有准备的等待，才能增加“幸运”降临的概率，才能让美梦成真。

创业者若将“等待”理解成无所事事地耗时间，那么耐心反倒成了一件坏事。所以张一鸣才会反复强调，光是耐心等待是不够的，还要耐心做深入思考和更多的准备工作。

而在创业过程中，等待其实是一种“时刻准备着”的状态。创业者要抓紧时间去积淀能力、磨炼定力、开阔眼界，更要积极地去搜罗、积累人脉等，准备一切成功的必备条件。

机遇永远只垂青那些具备“准备思维”的创业者。他们能“嗅准”时代的特征，精准地把握时代大势。当机遇来临时，他们总能审时度势，当机立断地做出选择，从而一举获得成功。而缺乏准备头脑的人，哪怕遭遇良机，也会优柔寡断，不知该如何做选择。

任正非曾说：“大时代呼唤着英雄儿女，机会将降临有准备的人。”1982年，对于任正非来说是特别有意义的一年。就在这一年，他结束多年军旅生涯，开启了一段创业人生。他在等待时机的过程中，一直在做一些准备工作，比如研究创业方向，分析市场需求等。

机遇最终降临了。一个朋友找到任正非，希望他能帮助自己卖些设备。这个朋友从事的正是程控交换机这一行业。那时候，程控交换机虽然刚刚进入国内市场不久，但任正非却十分关注。他早已对这一行业进行了一番深入研究。就这样，这件事成为他创业的起点。

在一个出租棚里，任正非创建了华为技术有限公司。而华为一开始做的正是交换机代理、卖交换机设备的生意。创业过程中，任正非敏锐地发现远程交换机拥有巨大的市场潜力。但当时国内的通信设备几乎都是靠进口，于是，他决定华为要自主研发交换机。

很多创业者都能遇到属于自己的机遇，但并不是每一个人都能牢牢抓住机遇。在如今这个欣欣向荣的市场经济时代，新知识、新技术与日俱增。知识准备不足，思想观念陈旧的创业者轻易就能丢掉来之不易的良机。一旦错过机遇，功败垂成，只会被无情地淘汰。

所以，创业之路上，我们不仅要有等待的耐心，还要有自我磨炼的耐心。与其漫无目的地等，不如抓紧时间去充实自我，去丰富内心。在机遇到来之前，将自己变成一个更优秀的人。机遇总是格外偏爱有准备的人。创业过程中准备得越充分，成功的希望才越大。

阿博都巴哈的《西方之星》中有这样的句子："要耐心等待，但不要无所事事。工作吧，在等待的时候；微笑吧，在无聊的时候；要坚定，在你周围的一切都在动摇的时候……"

6 今日头条的成功，源自比别人更认真

《成都商报》的记者曾向张一鸣提出这样一个问题："都说今日头条做了颠覆性的事情，你觉得今日头条做对了什么？"

张一鸣说："我们做的事情，简单来说就是'帮用户获取信息'，之前也有很多人在尝试，我们只是比别人更认真。首先是认真思考，其次是认真改进我们的工程技术、算法模型等环节。如果大家觉得我们做得还可以，就归功于我们更认真吧！"

张一鸣及手下团队在每一款产品上都花费了大量的时间和精力，他们对待工作的态度无比认真、努力，面对困难时向来不屈不挠，这是他们比别人做得更成功的原因。

《邻家的百万富翁》一书的作者托马斯·斯坦利长期研究美国富裕阶层。他曾问访无数百万富翁，发现 85% 左右的大企业家谈及自己的成功时，都秉持着同一种论调："我之所以能够白手起家，原因不在于我比别人更聪明，而是因为我比别人更认真。"

万通控股董事长冯仑曾说，他特别不愿意说创业如何苦、如何难。说这些很矫情，而且创业初期难是必然的。可是，如果你愿意更认真对待创业这件事，就无所谓难不难。而那些成功的创业者都是"对自己的期待比别人高，不想混吃等死"的人。

拿张一鸣来说，与他同期创业的人有很多，他们和他一样没有经验，

没有人脉，缺乏资金支持，同样对“帮用户获取信息”感兴趣，然而，大浪淘沙后，为什么只有张一鸣的团队笑到最后了呢？原因张一鸣已经说得很清楚，不过是因为他们比别人更认真、更能坚持。

业内人士曾以钢板、马蹄掌及手表指针来形容3类创业者。有的创业者选择躺着做“钢板”，有的则选择将自己千锤百炼成价值不菲的“马蹄掌”或者“手表指针”。

而手表指针与钢板、马蹄掌的最大的区别在于它比后两者多了更多的锤炼、打磨。创业是一条漫长的旅程，若能做到每天都比昨天更认真一点点，让自己的价值多提升一点点，这样缓慢前进着，不知不觉间，你的创业之路与原先相比早就已突破了千百倍。

雷军曾与年轻人分享成功的秘诀——“认真拼命地工作”。他说：“毫不夸张地讲，我当时在金山的时候，基本是7×16小时的工作时间。”

当年金山面临危机时，雷军化身为“拼命三郎”，领着团队“杀”入了网游市场。为了抓紧时间研发出更具竞争力的产品，雷军果断地砍掉了双休，每天工作超过16小时，他每次都要把工作任务通通处理完毕后才肯休息。在他的感染下，团队里所有人都摒弃杂念，一心扑到了研发工作中。而且很多人都养成了下班拆下硬盘带回家继续工作的习惯。

2003年9月，金山首款网游产品《剑侠情缘网络版》一经推出，立马火爆市场，金山的危机也得以解决。其实，当时很多人都盯上了网游市场，却很少有人能够做到像雷军一样，第一次尝试便大获成功。面对外界好奇的目光，雷军坦言：“我把个人成败都押上去了，基本就是在玩命，常常是连续工作两天两夜才休息一次，然后继续。”

相同的起点及条件下，比别人更努力、更认真的创业者更容易获得成功。而令人啧啧称赞的是，一些“天赋异禀”的创业者反而愿意放弃优质的条件，义无反顾地加入创业大军中。哪怕遭遇千锤万打，也咬牙坚持。有着这样的决心，何愁不能创建一番事业？

美团创始人王兴是个不折不扣的富二代，但他从未抱着随便玩玩的心态来创建创业公司。王兴的父亲是小有名气的企业家，身家颇丰。成长于如此富裕的家庭环境中，王兴并未染上纨绔子弟的种种顽劣习性。他从小就比旁人更努力，所以成绩一直很优秀。

高三时，王兴被直接保送到清华大学。大学时期的他依旧保持着自己理工科学霸的人设，正因他从不放松对自己的要求，才能轻轻松松拿到全额奖学金，得到了去美国特拉华大学继续深造的机会。后来，王兴决定要创造出一番属于自己的事业。

创建美团之前，王兴先后创办了多多友、游子图、校内网等，这些项目结局都不太好。有网友评论说："一般人根本承受不住这么悲惨的创业史，估计早就放弃创业，回家乖乖继承父辈事业了。"而王兴却无比执着，最后，他等来了美团，打了一场漂亮的翻身仗。

LinkedIn 的联合创始人、著名投资人 Lee Hower 说："创业是一件严肃的事，不能在融资之后就放松，也不能放任自己，形成'玩票'心理。"

在我们的想象中，没有一个创业者追求的是昙花一现的成功。事实上，很多初创企业的创始人会以获得 B 轮融资作为创业成功的标志。这样的创业心态只会摧毁一份原本大有前途的事业。正如某企业家所言："尽管许多创业公司在经过辛勤工作和全身心付出后依然有可能失败，但那些缺少热情和奉献精神的公司定然不会成功。"

创业过程中，每一次获得成就感，都是弥足珍贵的体验。而那些在激烈的市场竞争中脱颖而出的人，永远比别人坚持的时间更长或者更努力认真。

7 低调蓄积力量，造就了今日头条今天的气势凶猛

在力量不足或者时机不成熟时，不妨保持低调，守正待时，静静积累成功的资本。张一鸣一直保持着“不显山、不露水”的做派，他在低调中养精蓄锐，这才成就了一番宏图伟业。

今日头条 2012 年悄然出世，经过一段潜伏期后，它迅速崛起。据说，很长一段时间里，张一鸣想尽办法去隐藏今日头条，这是为了“麻痹”BAT 及其他竞争对手的注意力。

某次演讲上，他这样说道：“头两年别人理解我们是新闻客户端，理解我们是一个单一应用，比较忽视我们，我们也有意保持低调（当时偷着乐）。”

在众多的新兴互联网创业者中，张一鸣本人低调得不像话。尤其是在今日头条崛起前几年，张一鸣更是很少出现在公众面前，外界很难注意到还有这么一号人物。

曾有同事批评张一鸣，说他露面不够多，也不主动去接受采访、发表演讲，导致公司知名度也没那么高。可在张一鸣看来，没有足够的实力前，再怎么高调公关都是没用的，还可能伤害到自身的发展。最明智的做法莫过于韬光养晦。

果然，等今日头条拥有了雄厚的资本，正式登场时，其他竞争对手们纵然拍肿了大腿，咬碎了牙根，却也无力扼杀如今羽翼丰满、气势凶

猛的头条。

古人说："世无可抵，则深隐而待时。"意思是说，时机不成熟时，就要将自己隐藏起来，学会等待。就好像雨季来临前的毛竹，虽然外表停止了生长，它们却将根深扎地底，不动声色地汲取营养，壮大实力，等一场大雨洒落人间，它们节节拔高，一夜间便能挺拔入云。

对于普通人而言，在拥有足够的成功资本之前，我们也不要急于表现自己，事事出风头，处处争第一。我们更不能迫切地表现出自己对权力、名利的渴望，这不只会让人看低，有时候甚至会引来很多意外、灾祸。如果我们心怀大志，立誓要走上人生巅峰，首先要按捺住一颗蠢蠢欲动的心，学会低调做人，同时默默提升能力、建立人脉、蓄势而发。

小米横空出世前，很少有人知道金山的雷军现在居然在做手机。雷军回忆起那段创业之旅，说："筹备小米是在 2010 年 1 月，注册是在 2010 年 4 月，正儿八经开始做东西是 2010 年 6 月 1 日，到我们第一次记者见面会是 2011 年 7 月，第一次发布会是 2011 年 8 月 16 日。从筹备到产品发布差不多一年零八个月，我们一直保持低调。"

创业之初，雷军还没有想好公司具体的名称。他包下一家咖啡馆里的一间包房作为临时办公地，游说微软、谷歌的人才加入公司，整个筹备期间都保持低调。

2010 年 4 月 6 日，小米公司正式成立。那一天，北京中关村银谷大厦，14 名初创成员拉起小红丝带，在办公室门口剪起了彩。现场无同行捧场，更无媒体、记者的身影。雷军和小伙伴们凑在一起，简简单单地喝了一碗小米粥，庆祝小米正式踏上征程。

秦智帆作为小米联合创始人，事后回忆说，那一阶段的雷军希望公司能一直保持低调，所以取名为"小米"。"雷总跟我们说，所有的手机公司都是撑死的，没有饿死的，高调会影响创业心态。所以公司一开始也没有任何宣传。"秦智帆如是说。

强者与弱者之间的距离堪称天差地别。作为弱势一方，如果我们过早暴露意图和野心，只会引起强者的注意，并遭到各方势力的打压。古语“出头的椽子先烂”，说的便是这样的道理。弱者想要变成强者，明智的做法是低姿态示人，同时在暗中积蓄力量。

保持低调，只因心中承载着更大的格局。那些创下赫赫功绩的人，任何时刻都不满足于一点蝇头小利。当今日头条最终拥有了旁人不可小觑的实力后，张一鸣越来越多地在公开场合露面，并频频发表演讲，这并不意味着他就此改变了低调的行事作风。

有媒体评论说，如今的张一鸣，一举一动都牵引着大众的目光，想保持低调很难。另外，张一鸣曾说过这样一句话：“无论高调还是低调，都取决于对公司对产品对用户是否有益，和自己的心理需求甚至功利心无关。”好比雷军在小米强势突围后，瞬间加大营销力度，转低调为高调，张一鸣的言行举动和雷军一样，都是为了公司的发展着想。

但这并不意味着张一鸣或者雷军从此改了性子。其实，高调从来不是他们的风格。他们明白，想要实现胜人一筹的突变，就得在力量不足前韬光养晦，低调务实的作风可以帮助他们避免很多不必要的进攻与麻烦。哪怕后期获得了巨大的成功，他们也懂得克制，避免卖弄，将低调变成一种高贵的“炫耀”。这恰是为人处世的最高境界。

这给予创业者的启示是：在错综复杂的市场竞争中，实力不足时我们唯有怀抱一颗谦卑之心去待人处事，同时努力提高自我才能与修养，才能让奋斗之旅走得更顺畅。

哪怕有拥有令人惊艳的才华，也要把握好展现的时机，这是为了避免各种不必要的麻烦。一味高调行事，对自身的发展并不会带来什么好处，甚至会影响最终的创业结果。

8 危机面前，主动出击逆转形势

创业者必须具备勇往直前的胆识和魄力，以及主动出击的巧智与谋略。张一鸣也是在今日头条“版权风波”后才意识到将主动权牢牢握在手里究竟有多重要。

2014 年，头条深陷“版权门”，遭到各大门户网站及传统新闻网站的“围剿”。一时间，张一鸣和今日头条备受质疑。张一鸣主动联系各家媒体进行谈判，他一再解释，头条只是在帮忙分发信息而已，与各大媒体之间不存在竞争关系。不久，张一鸣意识到谈判并非长久之计。

版权危机让张一鸣大受刺激，他虽然有压力、有焦虑，但更多的是勇往直前，主动出击。张一鸣积极地在危机中寻找破局之道，他推出头条号，想方设法地吸引优质内容创作者入驻，有关头条的“内容护城河”渐渐形成。此举成功逆转形势，让张一鸣顺利掌握了主动权。

随着头条号逐步发展壮大，今日头条羽翼丰满，已成为一家资讯大平台，它逐渐引起了 BAT 的注意。前几年，频频传出腾讯和百度要投资张一鸣。诱惑面前，他始终不为所动。

如今，今日头条一骑独行，遥遥领先，整个业务范畴覆盖新闻资讯、短视频、知识问答、信息流等领域。面对百度、腾讯等强劲对手，张一鸣信心十足，勇猛前进。

很少有一帆风顺的创业历程。创业团队在前进的过程中难免会遭遇不同程度的危机。这些危机有的来自强大的竞争对手，有的源于国家的经济调控、市场的变化等。面临危机的时候，懂得掌握主动权、为企业争取最大利益的创业者，甚至能够化危机为转机。

而在商场博弈过程中，更要时刻握紧主动权。拥有前瞻意识，并根据现实情况做出调整和改变，才能拥有更多谈判资本，乃至逆转形势，成为商场上最大的赢家。

正如当年腾讯，遭遇“3Q 大战”后反而迅速觉醒。马化腾在危机中加紧布局，成功让腾讯转型为一家平台公司。那是在 2010 年 10 月 29 日，那一天正是马化腾的生日。奇虎 360 创始人周鸿祎特意给马化腾送上一份特殊的“生日礼物”——360 扣扣保镖。

360 扣扣保镖能够将 QQ 上不太重要的功能及广告通通屏蔽，对网友来说，是一件好事。对于 QQ 来说，却无异于一场严重危机。腾讯股价一天之内损失 106 亿港元的市值，马化腾火急火燎地赶回深圳总部，与下属一起商量反击对策。一场又一场激烈的对抗后，马化腾只能做下一个艰难的决定：让客户自主选择，要么停用 QQ，要么卸载 360。

虽然在工信部出面调停下，3Q 大战暂时告一段落，但马化腾依旧心事重重、眉头深锁。经过一番缜密的思考，马化腾主动求变，让腾讯焕发新生。那段时间，腾讯举办了 10 场诊断会和第一次开放者大会，围绕着“公众责任与美誉度”“行业的开放与垄断”“创新和山寨的难题”这 3 个主题，广泛汲取同行、客户及相关媒体的建议。

接着，马化腾综合 16 个高管的意见，重新制定腾讯的发展战略，并将目光聚焦于腾讯“资本”与“流量”等核心能力上，力求实现“帝国型”企业到“生态型”企业的转型。

在马化腾的主动出击下，这些年来腾讯的营收和市值表现越发生猛，并成为国内市场最为耀眼的互联网巨头之一。2016 年就有人断言，3Q 大战为腾讯今天 2 万亿市值埋下了伏笔。

对于创业者来说，危机的杀伤力正在于其突发性。无论是创业者自身、企业员工、企业股东、客户等都将在危机爆发的当下受到冲击。

这种情况下，创业者若能第一时间掌握所有关于危机的信息就相当于初步掌握了主动权。创业者可根据信息去判断危机的性质，制定补救措施。必要的时候，先将掌握的信息如实地公布出去，往往能让竞争对手措手不及。

很多时候，危机与转机之间仅有一线之隔。为了能顺利地化劣势为优势，创业者一定要当机立断地做决定，乃至大刀阔斧主动出击。千万不能危机一来就战战兢兢、人人自危。很多不够成熟的创业者总在危机到来的时候秉持“鸵鸟心态”，被动去接受，或随波逐流、一味逃避。殊不知，一旦错过补救危机的关键性时机，创业之路便也走到了“悬崖口”。

其实，不同性质的危机有不同的处理方式，明智的创业者不会太过于依赖经验。而在一次次勇敢出击的过程中，他们会不断加强内部建设和团队的素质培训，强化售后服务质量体系，以便在下次危机到来的时候能更精准“神速”地去处理问题。先打造更好的口碑、过硬的品牌，无论市场如何变化，都不会损失有利地位。如此，才能将主动权牢牢掌握在手中。

第 三 章

决 策

对重要的事情要有判断力

对今日头条是否“站队”BAT 的问题，张一鸣用其超常的判断和决策力进行了完美处理。这种面对重大选择的决策力，使他避开别人的核心领域，找到市场突破点，为今日头条和抖音等开辟出一席之地。也让他在迷茫和困惑中，学会从外部的视角看公司，使字节跳动在喧嚣中永具独立思考的活力。

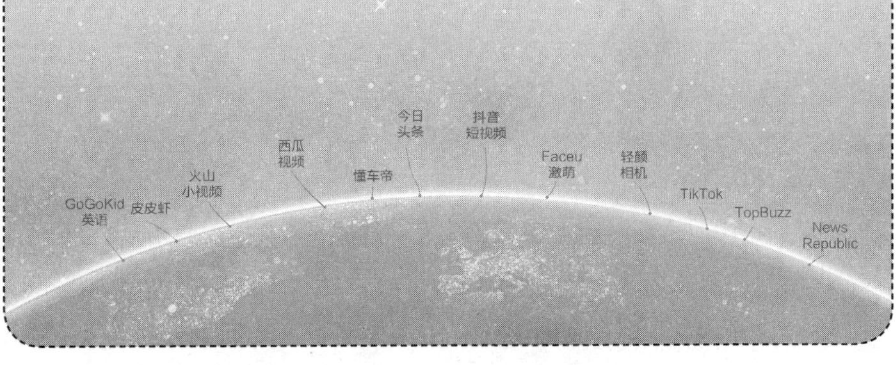

1 面对重大选择，知道自己想要什么

一位成功的创业者在分享经验的时候着重强调："创业途中一定要不断地问自己，究竟想要什么。而不要盲目从众，随波逐流。"张一鸣就是一个很懂得聆听自我心声的人。

张一鸣回到母校南开大学时，曾发表了一场演讲。他说，他这个福建娃之所以来天津上学，有着诸多原因。而选大学的过程，充分体现了张一鸣独立、果断的个性。

首先，他考虑到南开大学是一所综合性大学，拥有悠久的历史和丰富的文化底蕴。另外，他还存有一个私心。南开大学男女比例均衡，相比其他理工大学来说，更容易找到女朋友。

其次，张一鸣从小向往自由与独立。家里人希望他能选择离家较近的厦门大学或者中山大学，方便就近照看，他却果断拒绝。南开大学离福建较远，在他看来是一个不错的选择。

而且从小张一鸣不仅喜欢大海，更喜欢吃海鲜。南开大学所在的天津是海滨城市，在他固有的印象里，靠海的城市富有灵性、浪漫，这一点完全符合他的要求。

最后，张一鸣从小在福建长大，从未见过真正的大雪。他很期待下大雪时那种天地一片素白、静谧的感觉。所以才不远千里来到天津。张一鸣在演讲中说，后来就读于南开大学，冬天下雪，他站在寝室窗户前，激动地拉开窗帘看雪景，一些北方同学看到这一幕都笑了。

创业者几乎每天都在做选择。区别是，有些琐碎的选择不会对创业的结果起到多大的影响，而另一些选择却足以影响整个创业轨迹，甚至决定最后的成败。

那么，在面临真正重大的创业抉择时，创业者应该如何去做权衡？张一鸣给出了答案：选好参考维度，综合评分后得出最优解。遵循着这样的思维方式，张一鸣做出的选择总是切合实际，对未来的发展也颇多裨益。而实现这一切的前提在于，张一鸣特别清楚自己想要的是什么。遗憾的是，很多创业者在抉择的过程中很容易被各种干扰因素所影响。

比如，选择创业方向时一窝蜂去追逐热点及风口；企业面临转型时照搬他人模式。一旦创业者忘了聆听来自内心深处的声音，忘了真正想要的是什么，难免就会做出错误的选择。

心理学家荣格也说："只有看清自己内心深处的人，他的视野才会清晰。向外面看的人，一直活在梦中；而向里看的人，才是清醒的。"雷军和张一鸣一样，始终在"向里"看。

湖畔大学的梁宁说，发生在雷军身上的一件事情给他留下了深刻的印象。23 岁时，雷军入职金山，到了 1998 年，金山总部奖励雷军 20 万元。雷军将这笔钱一股脑扔进股市，一段时间后，这笔钱变成了 60 万。有一天，雷军突然对梁宁说："我把股票全卖了。几个月赚了 40 万，股票上赚钱太容易，会让人斗志偏移。我还是要集中精力在金山的事情上。"

雷军将卖股票的钱一股脑捐给了母校武汉大学。那一年，他月薪 10000，将钱都捐给母校后，他的存款数为 0。他扎根金山，从程序员做到 CEO，最后成功推动金山上了市。

这时候，所有人都以为雷军会带领大家继续开拓市场、攻占高地。令人大跌眼镜的是，雷军竟然选择了急流勇退，从金山离职。雷军永远知道自己想要的是什么。

首先，他说自己"像刚刚跑完马拉松一样，需要休息"；其次，他认为自己已经还完了求伯恩的知遇之恩，并完成了带领金山上市的使命，接下来，他应该去进击属于自己的人生了。果然，经过一段摸索期后，雷军成功创建小米，将个人价值发挥到了极致。

像雷军、张一鸣这样的创业领袖遇到了重大抉择时，总能用最健康理性的“创业者心态”去应对。他们永远知道自己想要的是什么，然后想方设法地去实现它。

猎豹移动的CEO傅盛曾说过一句经典的话：“打工要有创业的心态，不然浪费的是自己。”绝大部分人在打工时总是稀里糊涂地去做抉择。一旦调转身份，成为创业者，面临选择时还秉持着同样的心态，只怕会落得个惨败结局。记住，创业者的头脑必须足够清晰、理智，同时对自身定位、当下的需求有着深入的了解，明白怎样做对自己最好。

对于致力于创业的年轻人而言，所面临的第一道难题是如何正确地选择创业方向。很多创业者还未行动便卡在了这一重大的抉择上。不妨问自己：你最想要做的事情是什么？你是否熟悉你即将创业的领域？你所率领的创业团队拥有那些优势和劣势？

弄清楚了这几个问题，基本上你已经知道了该如何去做选择。另外，创业路途中面临选择时不要害怕犯错误，不要将“安全”“稳定”作为唯一衡量标准。如果张一鸣、雷军只求安全稳定，他们就不会选择去创业，也不会收获如今的成功。如果创业者因为害怕冒险，而放弃了那个真正想要的选择，很可能因此错过一些成功概率很大的机会。

对于创业者，选择有时候比努力更重要。想要做出正确的选择，就一定学会正视内心的想法，理性地剖析自己的需求，包括业务选择、公司定位和团队建设等。正如随视传媒COO（首席运营官）薛晨所言：“创业者一定要知道自己想要什么，成功来自你想要什么。”

2 尽量不站队，今日头条想要自己长大

在如今的市场环境中，创业者面临的一个终极难题在于：到底要不要站队 BAT[①]。可以说，BAT 的影响力几乎渗透了各行各业。而有关站队与否的选择题，正由互联网中心化所带来。两难之下，张一鸣却一直在坚守内心的理想，秉持着“从不站队”的作风。

创办今日头条不到一年的时候，有业内巨头悄悄向张一鸣递来了一个橄榄枝。那是一个非常诱人的投资 Offer，任何一个创业者都很难去拒绝。就连心志一向坚定的张一鸣都动心了，他整整纠结了一个星期，反复思考、盘算，最后还是拒绝了对方。

事后，张一鸣越想越后怕。在他看来，这份 Offer 看起来是一份礼物，其实是一剂毒药。接受巨头帮助，也会被迫跟着巨头站队。这对于根基还未扎稳的今日头条来说，是一份潜在的危害。在“内功”没有练成之前，“内部力量”一定会受到打压。

他说：“接受投资好处是明显的，坏处是隐含的。但是很多人容易高估好处，低估坏处。”而他这种坚持自我志向，拒绝站队的精神也得到了很多人的赞赏。

在受邀参加央视《对话》节目时，现场话题从“对资讯的另类颠覆”

① 中国互联网“三大巨头”——百度、阿里、腾讯合称为“BAT”。

渐渐过渡到“要不要站队”这个问题上。张一鸣态度鲜明地表示：“中国互联网现在这种格局也维持了比较长的时间了，如果能够有新生的公司或平台起来，这本身也是一个很好的释放。”

现场，张一鸣还就腾讯要收购今日头条的传言进行了有力的回击。他掷地有声道：“我创立今日头条，不是想成为腾讯的员工。”面对现场观众怀疑的眼神，他解释说：“这句话并不是说我们跟腾讯合作或者竞争有什么问题。我更想表达的意思是，我们希望能够自己成为一个对社会有很大价值、很大意义的平台级公司。我主要是想跟员工或者跟业界表达的是，头条还是有自己的志向的。”

这股“站队风”从何时刮起？业内人士分析说，这得从前几年阿里巴巴和腾讯加大手笔收购和投资各类创始公司说起。那一阶段，移动互联网的市场“征伐”刚刚启幕，而阿里和腾讯的自有业务已“尘埃落定”。天奇阿米巴创投基金投资合伙人魏武挥解释说，阿里和腾讯为了将未来的高毛利业务点“一网打尽”，不断在移动端入口方面出手投资与收购。

阿里的投资思路大致可分为两部分：一是整合与阿里业务优势互补或强强联手的创始公司；二是吸纳更多不同业务、方向的公司，以打造阿里生态圈。腾讯的投资也有着差不多的思路和实施路径，两大巨头都很关心市场布局和各大业务点的共生关联性。

站队 BAT，对于初创公司来说有着诸多好处。一位资本人士提出这样的看法：“阿里与腾讯所掌握的资源、渠道、流量、媒介等综合势利，甚至超越了投资机构的能力。”

很多创业者很难抵御得了这份诱惑。在他们看来，“背靠大树好乘凉”。在商业巨头提供的强大而成熟的运作流程下，初创企业能迅速地发展壮大。

然而，张一鸣深思熟虑后，却坚决拒绝站队 BAT。他认为抱 BAT 的大腿对今日头条的发展弊大于利。曾有主持人问：“如果站了队的话，会对这个发展产生什么影响？”

张一鸣对此看得很清楚："因为巨头之间是互相防范和进入对方的领域，如果你站队的话，可能竞争会更激烈，这是很有可能的。我觉得主要是这一点。我们倒没有特别说绝对不能站队，或者不可以站队。我觉得如果有机会相对独立地做大，可能更有意义。"

BAT 能将自有体系内扶持的创业公司逐步捧上"独角兽"的位置，只是，这一过程中创业公司势必也会失去自我的特色和优势。选择站队，并全身心地依附于某一个生态体系，慢慢地创业者会遗忘初心，整个创业团队必然会在未来的某一天失去创新的能力。

这对于整个市场来说，并不是一件好事。财经学者吴晓波发表过这样的观点："中国的互联网界仍旧被 BAT 把持着，且还在进行着大笔收购，这是对创新和创业环境的一种摧毁。"正是出于这样的顾虑，张一鸣才能坚持拒绝站队的诱惑，始终想让头条自己长大。

创业者在"站队风"中保持中立，需要特殊的智慧。比如多方周旋，"雨露均沾"。有人说得好，这是个"与巨头共舞的时代"。想要做到不站队，很难。但保持初心，砥砺前行更难。创业者必须放宽心胸，沉下心来做事，且行且思考。

3 抖音的成功，拼的就是对未来趋势的判断力

2016 年 1 月，在“2016 年今日头条未来媒体峰会”上，张一鸣以“我眼中的未来媒体”为题，发表了一场精彩绝伦的演讲。其中，这样一段话引人深思：“未来总是难以预见的。但是回过头来看这件事，在 2008 年的时候，一定已经有一小拨创业者，因为苹果的 App Store，看到了移动互联网可能给这个世界带来的巨大变化。之后，他们通过自己的工作，最终让一个很小的趋势，变成了我们今天所身处的‘未来’。”

当初抖音上线一年多，其用户量便从 4000 万暴涨了 50%，达到了 6000 万量级。而抖音爆火的背后，正凸显了张一鸣及其创业团队对市场趋势绝无仅有的判断力。

早在几年前，张一鸣便敏锐地意识到一个问题：当前中国社会正处于急速的发展阶段，早已实现基本温饱问题的民众们对更高大上的精神生活的追求越来越炙热。而随着社会竞争越发激烈，社会各阶层人士尤其是年轻人迫切地想要寻找到一个出口去发泄压力。

这期间，通过不断调研与分析，张一鸣发现当前社会消费升级下，手机硬件有了突破性的提升。高清的视频和音频不再局限于高端手机，很多中低端手机的硬件性能不断完善，已能实现最佳的视频、音频质量。于是，张一鸣悄悄地将目光转向了短视频领域。

当时瞄准短视频领域的创业者不少，行业内已有不少先行者，有的

小尝甜头，有的不尽如人意。创业队伍中，不少人认为短视频风头已过。张一鸣却坚持认为这一领域的潜力尚未被完全挖掘。事实果然不出张一鸣之所料。2016 年 5 月，今日头条团队发现 App 上视频消费总时长已远远超过图文。张一鸣再一次从中嗅到了不同寻常的味道。他料定时机已成熟，便当机立断地率领大家“杀”入短视频领域。

抖音的横空出世一举改变了市场格局。其“记录美好生活”的理念和 Slogan 很好地抓住了用户的需求和心理。很长一段时间里，抖音牢牢占据着应用市场上下载量第一名的位置。

有人问：“为什么今日头条做啥火啥？”原因正在于哪怕市场变幻莫测，张一鸣始终能够把握住对未来趋势的那份敏锐的判断力，从而做出最为明智的决策。

在 2016 年那场演讲中，张一鸣说尽管海外的媒体市场环境与国内截然不同，但全球范围的趋势惊人的相似。这主要体现在三点：内容市场需求空前旺盛、创作与分发分离、信息过滤的权力让渡。正因为敏锐地意识到了未来发展的趋势，字节跳动始终立于不败之地。

近几年来，张一鸣的种种布局都离不开这三个大框架，比如字节跳动的研发团队花费了大量时间和精力去打造短视频项目，始终注重视频内容创作这一块；今日头条产生更多种类的信息，在更多场景下给用户更好的推荐。而且，张一鸣还希望今日头条能在未来连接更多 O2O 的服务，演变成“今日生活”，这是他基于目前趋势所下的另一个判断。

创业者战略眼光的差距足以决定最终的结局。2010 年，互联网时代迎来了一个新概念“云计算”，BAT 三位互联网大佬在“云计算”面前展现了不同的判断力。

在 2010 中国 IT 领袖峰会上，马云既期待又焦虑地表明：“客户需要云计算，如果我们不做云计算，将来会死掉。”马化腾则认为：“可能过几百年、一千年后，到阿凡达那种景象确实有可能，现在做云计算还是显得过早。”李彦宏则表示：“云计算，不客气一点讲是新瓶装旧酒，没有新东西。”在他看来，想用云计算多挣钱，会比较累。

到了2019年，我们却发现，百度被阿里巴巴远远甩在了身后。这些年来，马云在云计算上投注了太多心力。他不顾众人反对，将一心想要开创云计算技术的王坚拉入阿里云计算管理团队，并在财力、物力等各方面给予了研发团队莫大的支持。经过多年积累，阿里云已成为国内最大的云计算服务商，成为仅次于亚马逊AWS的世界第二大云计算公司。

如何提高对未来趋势的判断力？这要求创业者对所处行业拥有深刻的认知，不光要埋头苦干，更要抬头看路。创业者不仅要做到对政策导向了然于胸，更要积极收集行业数据，实地考察消费者的情况。只有做到这些，才能提前预测到市场走向。

拿雷军来说，小米曾经历过一段低潮期，当时小米销售额大减，离原定目标越来越远。为了了解更多具体情况，雷军将目光聚焦于手机业务。另一方面，他不断揣摩行业信息，研究政府政策，慎重地做下几个重要决策，这才及时止住了小米的颓势。

创业者想要提升对未来趋势的判断力，先得想办法提高对市场变化的敏感度。马云就曾说：“成功者至少需要兼备两种品质——执着大胆的性格和对市场准确敏锐的嗅觉。”

想要准确地抓住市场动向，不妨深入扎根于市场第一线。有一种领导者只肯坐在办公室里吹着空调乱指挥，他们关于市场的所有判断都基于别人的描述和自己的想象。如此一来，频频发生决策脱离事实的情况便不显得奇怪了。真正睿智的领导者随时可以放下身段，亲自去体验市场，亲身去实践，先积累足够的经验，再去做决策。

创业者更要避免无效的努力，不要用表面上的忙碌麻痹自己。相比低价值的重复劳动，我们应将重点放在能获取“高收益值”的领域，并站在高层次的格局上去俯瞰市场。

创业者都该思考这样一个问题：“为什么错过风口的总是我？”机会面前，最考验一个人的并非执行力，而是判断力。经济学教授迈克尔·伯格说：“具有战略眼光的创业者们会用自己幻想出来的模式来改造今天的现实世界，而专业人士则通常是以今天的现实世界为模式来创造未来。”可见，拥有无与伦比的战略眼光，才能轻松收获成功。

4 避开别人的核心领域，找到突破点

张一鸣曾在央视《对话》节目中表示："从公司层面不要和别人的核心领域去竞争，这样会牵扯很多精力，也没有优势，不要去做别人做得好的领域。"

《财经》杂志曾引用张一鸣的这段话，并称："今日头条已经呈现出了与上一代互联网公司不同的竞争观，不是抢地盘，而是找突破点——信息流产品今日头条 App、抖音、国际化都是如此。"以往的商业竞争中，对手间"抢地盘""拼优势"是司空见惯的事。可在张一鸣看来，这种"打法"早已不符合互联网时代的发展趋势。

他的做法是，绕开对方的核心领域，另辟蹊径，伺机而动，利用突破口一举逆袭成功。今日头条依据此战略不止顺利站稳了脚跟，还建立起了属于自己的坚不可摧的优势地位。

我们都曾听过这样的道理，一个人成功与否，取决于他能否发现自我优势，并将其发挥至极致。如果我们只顾盯着他人的优势，耍尽手段、绞尽脑汁也要战胜他人的优势，成功便变得遥遥无期。这不是勇敢，而是鲁莽。还不如收回目光，多多关注自我的成长。我们若一面观察外界变化，一面挖掘自身潜力，便很容易抓住突破点一举"翻盘"。

商业竞争亦是如此。核心竞争力决定我们能走多远，与其与别人的核心领域"硬碰硬"，不如采取迂回战术，一面寻找突破点，建立起自己的核心优势，一面等待时机。当然，在这之前，我们必须花费大量时间来分析所有竞争对手与己方的优劣势，做到知己知彼。

然而，总有些年轻的创业者非要拿自己的弱势去跟别人的优势死磕，结果弄得一败涂地。他们都是“木桶理论”的拥趸者，深信这样的道理：一个木桶最终能装多少水，取决于最短的那块板。某企业家却断言，在如今这个全球互联网的时代，“木桶理论”渐渐失去了意义。

雅虎与谷歌这两大网络巨头截然不同的命运走向足以证明这一点。雅虎首创了世界上第一个门户网站，曾站在互联网行业的巅峰。如今，它转型的路却被谷歌等企业堵死。

雅虎原本拥有自己无可比拟的竞争优势，比如它的门户网站做得极其出彩，还拥有一大批牢固的用户群。很多世界500强的大公司争相与雅虎合作，纷纷在其网页上投放广告。

谷歌亦拥有自己的强项：在搜索结果上做广告。谷歌的客户一般是中小商家，与雅虎最初的市场其实是没有冲突的。然而，雅虎当时的决策者却忽略了自身优势，弃品牌广告这块“大蛋糕”于不顾，反而进入相对弱势的搜索广告领域，挑起一场毫无胜算的“战争”。

雅虎以自己的弱势硬拼谷歌的优势，结果落得个惨败结局，原本属于自己的优势也消失殆尽。而谷歌却因为迂回战术，短短几年间发展迅速，成为又一代“互联网之王”。

谷歌创始人之一佩奇在任期间的一系列决策及其取得的成效令业内人士看明白了一个道理：与其依据“木桶理论”所强调的花大量时间和精力填补自己的弱项，或者拿自己的弱项与别人的强项做竞争，不如绕过他人的核心领域，将自己的优势发挥得淋漓尽致。

2012年，谷歌收购摩托罗拉移动。按照外界的构想，谷歌会将精力放在手机业务上，补足短板，和苹果等手机厂商展开竞争。其实，谷歌对于手机业务并不太上心，它之所以收购摩托罗拉，其实是为了买下摩托罗拉的专利，同时安心做好手机安卓系统，建立这一领域的优势地位。这样，它在移动互联网上的地位便无人能顶替。

果然，2014 年，谷歌宣布将摩托罗拉移动出售给联想。CEO 佩奇对外宣称：“这笔交易使谷歌将精力投入整个安卓原生系统的创新中，从而使全球智能手机用户受惠。”

正如张一鸣所言，和别人的核心领域去竞争，反而会丧失自己的优势。这时候，就需要我们找到突破点，树立起自己的核心竞争力。而这个突破点可能是自己感兴趣的事，可能是自己比较擅长的事，将所有的时间和精力聚焦于此，让自己拥有一块足够长的长板，那么无论局势有多险恶，竞争有多激烈，也不会影响到我们的生存与壮大。

有时候，我们甚至可以用自己的优势去对垒别人的劣势，反而能起到意想不到的效果。尤其是在面对比我们强大得多的对手的时候，选择硬碰硬，最终受伤的还是我们自己。不如避开正面冲突，集中自身的优势“攻击”对方的薄弱环节，那么胜利的希望便不再渺茫。

或者，转换方向，向别人的“盲点”、弱项进发。这与张一鸣观点不谋而合：“别人做得不够好的，你有机会做得明显更好，你对社会有增量的时候才做；而不是做别人已经做得很好，你做了好不了多少、做得比别人差的事情，浪费社会资源重复建设。”

有人说，这是一个优势永生的年代，想要不被淘汰，先得拥有自己的核心竞争力。而最愚蠢的做法莫过于，专门与对手的核心领域做竞争。

5 坚守底线，事有可为有可不为

2016 年，一篇名为《为了创业他剪断了大学宿舍所有洗衣机的电源线》的文章刷爆了朋友圈。很多人评论说："将无知当创意，把违法视为创新，简直是毫无底线。"

追求梦想的道路上，无论身处何种境遇，都要时刻保持清醒的头脑，绝不能为了一己之私放弃原则和底线。正如张一鸣一直以来强调的：创业要拥有敏锐的判断力，更要坚守底线。除了知道要做什么不做什么，更要知道什么可以做、什么不可以做。

一次采访中，张一鸣曾明确表示，无论别的企业有没有从医疗广告上获利，今日头条肯定是不会去接医疗广告的，哪怕是名医院广告。

他解释说，不做医疗广告是因为目前民营医院很多服务差或者经营违法违规，他们很难区分把关，"我们认为整个行业现在质量太差了，你现在已经不是良莠不齐了，可能普遍质量非常差，我们就整个医疗广告都不让接入系统……"

张一鸣还说，严格遵守政策法规，是他做企业的底线，所以头条在打击虚假、打击低俗上面花了很多精力。哪怕巨大的利益诱惑摆在面前，他也不会动摇此决心。

曾国藩说："人生有可为之事，也有不可为之事。"若为了眼前的利益放弃底线，做了"不可为之事"，非但无法获得梦寐以求的成功，甚至可能断送自己的未来。

做生意要遵守商业规则和法律法规，如此方能走得长远。拿互联网创业公司来说，除了要追求经济利益，更要坚守道德底线。某资深创业者认为，创业公司的道德底线主要体现在三个方面：谣言、低俗信息；法律、医疗等涉及生命的信息；社会责任。

首先，随着互联网的深入普及，网络谣言也变得越来越肆虐。对于初创企业或者其他机构而言，除了要具备鉴别谣言的能力，更要坚决抵制谣言，同时加大谣言打击力度。今日头条团队在这方面做得很到位。今日头条高级副总裁赵添介绍说，早在 2017 年 5 月公司已建立了“谣言库”，短短四个月里，一共截停 7522 起谣言事件，并识别出 14981 个谣言标题，准确率达到八成左右。此外，今日头条还曾大力推出“精准辟谣”功能，采取“机器算法 + 用户反馈”这一方式，来确保网络新闻的真实性。2018 年，今日头条旗下人工智能实验室和媒体实验室还和美国密歇根大学团队展开了密切的合作，双方宣称会尽最大的努力去构建“AI 谣言识别标准”。与今日头条平台一样严守底线的还有微信。2018 年 1 月 10 日，微信团队发布公告:《打击发布低俗、虚假标题和内容的行为》，宣称要坚决打击涉嫌淫秽、色情及低俗类信息，遏制谣言的传播渠道。之后，大批涉及低俗内容的账号被永久性封号。

其次，互联网创业公司要慎重对待医疗、法律等专业信息。在这方面，些微信息误导，就有可能危及普通民众的生命安全。有些企业为了利益放弃原则，在张一鸣看来，是不可取的。他为了让今日头条守住底线，干脆将整个医疗广告“一刀切”，坚决不去涉及。

最后，勇于承担社会责任的企业才能永葆竞争力。企业的价值不仅仅体现在它的营收、市值上，更体现在它如何传播使命、回馈民众等方面。

企业家更不能一味追逐利益，还要有更多的担当。正如马云所言：“如果你有 100 万元，那可以是你自己的钱。如果你有两三千万元，那就麻烦了，千万别认为这是你的钱。社会公众相信你可以比其他人管钱管得更好一点，这些是他们的钱，而你只是担当责任而已。”

社会责任和企业利润相辅相成。2018 年，张一鸣受邀参加第一届数字中国建设峰会，并发表了一场精彩绝伦的演讲。针对峰会的主旨“激发社会各界建设数字中国的积极性、主动性、创造性，推动信息化更好地造福社会、造福人民”，张一鸣明确表示：“（这一主旨）给我们互联网行业指明了方向，也坚定了我们致力于用技术造福社会、造福人民的目标。”

张一鸣强调说，新兴互联网企业在享受科技红利的同时，也别忘了去承担更多的社会责任。他将企业责任分为这几类：正直向善、科技创新、创造价值、担当责任和合作共赢。在他看来，字节跳动正在积极履行着属于自己的平台责任，抓住一切信息化机遇造福大众。

若用张一鸣的话来解释“事有可为可不为”，即“企业都要有社会责任感，我们要做对社会有益而不是有害的事”。令人痛心的是，物欲横流的新时代里，一些创业者不惜僭越底线，跪倒在金钱面前。做企业当然要重视利润和效益，但不顾底线地“捞钱”，注定走不长远。想要延续企业的生命力，就要守住原则，勇敢承担更多的社会责任。

做人也是如此，无论何时都要守住人格底线，积极去做对自我成长、对他人乃至整个社会有益的事情，不去做那些违背情理和道义的事情。这堪称做人的本分，做事的傲骨。

利益面前，我们更要保持敏锐的判断，知道怎样做才能获得长足的发展，怎样做却只能获得一时的好处，哪些事能做，哪些事应该坚决杜绝。

6 适时暂停并做出正确判断

张一鸣说，创业这条路上，迷茫、困惑是常态，诱惑也层出不穷。想要看清这其中的陷阱与机会，并做出正确的判断，就得及时停下脚步，理清纷乱的思绪后再上路。

在2016年与王石的一次对谈中，张一鸣也曾谈起过相关话题。他说：“诱惑、迷茫还是有的，比如要不要在早期的时候接受战略投资？要不要追求短期利益？”

有人说，2014年，头条远没有发展到如今的规模时，张一鸣的心态最好。他要求自己不去关心不能控制的因素，比如别人会以何种手段与自己竞争，只需“认准方向，脚步不停”。

到了2016年，别人问他被腾讯等“庞然大物”围剿时，心中是何滋味，又当如何去应对。张一鸣坦言：“不用想着去绊人家一脚，没用。”他要做的，是加速脚步前进。

然而，随着这两年来头条不断卷入侵权风波，张一鸣心中有了更多的迷茫与困惑。他不顾外界非议，果断决定暂缓头条高速发展的步伐，只为给自己留出更多思考的空间。

有时候我们停下脚步，是为了走得更远。尤其是在内心充满迷茫的时候，仓促做决定，不管不顾地直奔向前，只会让原先敏锐的判断力渐渐“生锈”，头脑也不堪重负。

2016年的那场对谈中，王石亦坦言："现在的年轻人问我迷茫过吗，我当然有。迷茫、困惑就是年轻人的特点。你不迷茫，不困惑，你没有更多的选择。"他同时给出建议："年轻人困惑的时候不要紧。真的想不通而且家里又有一点积蓄的话，可以去做一年义工。"

在他看来，看不清未来的方向，不知道如何选择的时候，不妨先按下"暂停键"，从眼前的生活中抽离开来，花点时间将纷乱的思绪梳理清楚，等迷雾散开后再上路。

2010年，奇虎360与腾讯展开了一场前所未有的互联网之战——3Q大战。几年后，这场战争落下了帷幕。性格耿直甚至有些口无遮拦的周鸿祎被推到了风口浪尖，外界褒贬不一。虽然360在2013年取得的成绩很是亮眼，但周鸿祎却说他"半点满意的感觉都没有"。

国内互联网的发展方向和格局在3Q大战进行过程中悄悄发生了转变，周鸿祎只觉得他又回到了以往那种"每天都在拼生存"的状态。他看不清未来。

于是，2014年年初，周鸿祎开始了闭关生活。在此期间，他不参加任何会议及论坛活动，并对媒体邀约一概拒绝。奇虎360高歌猛进的势头也戛然而止，整个公司仿佛都进入了一种"冬眠"的状态。闭关生活整整持续了三个月，"出山"后，周鸿祎说，他是为了寻求一个安静的思考空间，以便想清这样一个问题——"360到底何去何从"。

出山后的周鸿祎仿佛换了一个人，以往他争强好胜，给大众留下的多是"攻击性强"等负面印象；如今，他却变得更冷静理智，为人处世不再那么高调、张扬。经过短暂休眠的奇虎360也进入了稳健的发展期，并不断开拓智能手机等新的领域。

当心境出现波动时，不妨停下脚步，给予自己更多时间、空间去思考和养精蓄锐。漫漫创业路，奋斗也不急于一时。只是，现实中，创业者们大多不敢在人生飞速奔跑阶段为自己按下"暂停键"，哪怕他们内心迷茫煎熬，根本不知想要的未来究竟在何方。

于是，他们被越来越快的生活节奏裹挟着直奔向前，甚至来不及喘息。当时间匆匆流逝，蓦然回首，细细盘算才发现，创业旅途中究竟错过了多少能够改变命运的机会。

若想始终保持敏锐的判断力，就得在必要的时候果断地停下脚步，为自己“充充电”。张一鸣曾接受《成都商报》的采访，对方问他：“今日头条做起来不到三年，这三年当中，你有没有停下过脚步？你觉得现在自己的电量是多少？”

张一鸣说：“有人觉得我是一个工作狂，我在工作的时候确实极其投入，而对我来说，我也有很多兴趣，工作之外，也有很自我的生活。如果停下来的意思是休息或者不工作的状态，那我的事情还挺多的，思考人生、体验人生、学习探索未知的世界，都是我喜欢做的。因为总体有比较好的状态，从现在看，我的电量还挺多的，甚至还能当别人的充电器。”

西方的“间隔年”曾传到国内，并受到很多人的欢迎。“间隔年”指的是年轻人在毕业或者升学之前背起行囊出外旅行一段时间，要么去做一些志愿工作。那一阶段的年轻人大多对未来心怀迷茫，“间隔年”却能让他们暂时脱离熟悉的生活轨道，有更多的时间去思考。

身为创业者，当你处于人生的转折点，迷茫困惑找不到方向的时候，不妨适时放慢脚步，为自己的人生按下暂停键。让自己有更多时间去思考生命的意义，去判断未来的局势。也许，你会从中找到更适合自己的道路，从此拥有别样的人生境界。

7 字节跳动是在喧嚣中保持独立思考的“孤独人”

张一鸣一直强调说，字节跳动是一家浪漫的公司。他们是一群在喧嚣世界中始终保持独立思考的“孤独人”。在张一鸣看来，这种孤独反而是一种睿智，是一种自由。

《成都商报》在采访张一鸣的过程中，这样问道：“现在的张一鸣还孤独吗？听说你还保持着独处的习惯。你觉得孤独能给你带来什么？你能接受喧嚣吗？”

张一鸣侃侃而谈：“我在朋友圈做过类似的表达，我说每天都有一段独处的时光，孤独感对人是有益的体验，于是被很多人引用。但我其实不是一个孤独的人，只是愿意安静下来。这样的习惯应该不是我独有，很多人都有吧？至于喧嚣，我确实不喜欢。”

社会心理学著作《乌合之众》阐述了这样一个道理，大凡社会领袖人物，他最重要的品质不是博才多学，不是眼光卓著，而是一种独立思考的能力。书中有这样一句话：“单单使他变成一个有机群体的成员这个事实，就能使他在文明的阶梯上倒退好几步。”孤独使我们保持清醒，加入喧嚣热闹的群体中却可能让我们失去独立思考的能力。

“乌合之众”最显著的特征莫过于盲目自信、智力下降、过于情绪化。首先，某个群体一旦变得自信心高涨起来，局面往往会向着失控的方向发展。只因这种自信其实是一种虚假自信，个体混入群体之中，会将自己看成“正义”的化身，认为自己所说所做都是对的。

这在张一鸣看来，是一件很可怕的事。所以一方面他相信算法的力量，说什么、做什么，都会寻找数据、算法的依撑；另一方面他从不急着站队，始终保持独立性。

马云在一次演讲中反复强调：“任何观点，大家用自己的脑袋去判断，我们可以有不同的观点可以展示未来和看待”“少听别人说，自己去思考”“给自己一个决心”……

创业者坚持自己的信念和保持独立思考很重要。马云在十一二岁时为了自学英文不断找机会给外国游客当免费导游。连续九年坚持下来，他的英文变得越来越好，视野也越发开阔。最重要的是，他对西方文化和西方人的思考方式有了一个深入的了解。

马云说，他因此养成了独立思考的习惯。创业过程中，阿里一直坚持着自己的理念和道路，逐渐走出了属于自己的一片天空。对此，马云总结道：“我后来发现中国企业一会儿学日本，一会儿学韩国，一会儿学西方，这样我们都走不出来……请各位记住，永远用自己的脑子去思考问题，去判断问题。哪怕别人说他是一片好心，也要保持警醒，不要随波逐流。让自己保持独特的思考，而不是想想张三说的觉得有道理，想想李四说的更有道理。”

张一鸣说，创业的旅途中，他有意保持着独处的习惯，时不时远离外界喧嚣的声音。而这种“孤独”却让他的目光变得更为深邃，让他在做决策的时候更为理智。

回忆张一鸣的成长历程，我们会发现，他从小就很有“主意”。中学时，他化学成绩很不错。周围的人都称赞他，鼓励他长大后攻读化学专业，但张一鸣却清楚，他其实很讨厌摆弄化学仪器，每次进行那些烦琐的步骤时，他都要极力压制烦躁情绪。他真正喜欢的是电脑，梦想着长大后能从事这一方面的工作，纵然那个年代互联网并不十分普及。

张一鸣的老乡，美团创始人王兴也很擅长独立思考，勇于在一片反对声中坚持自己的观点。当年，团购鼻祖 Groupon 坚持的理念是“商家第一、消费者第二”，若能从商家身上获取价值，毛利率最高能达到40%。在Groupon的巨大光环下，国内团购网站雨后春笋般一家接着一家“破土而出”，且大多遵循Groupon的模式去做管理及产品。

“千团之竞”带来的是一片乱糟糟的声音，王兴却游离于主流声音之外，始终保持着独立思考。在他看来，美团网必须反其道而行之，坚持“消费者第一、商家第二”的理念，从消费者身上获取价值，“认清团购是长期追求低成本高效率。”

所以，当高毛利的Groupon及其他团购网站花钱大手大脚，以粗放式管理获得快速增长时，美团却一直实行精细化管理。结果，当“千团之竞”的硝烟散去后，外界浮华的声音渐渐平息，人们赫然发现，当初不起眼的美团已做到业内第一的位置。

创业，缺少不了独立思考、穿越喧嚣的浪漫。创业者如果停留于表面的事实，盲目相信大众的声音，还没有深入了解就急于做决定，恐怕早晚有一天会失去拼搏的资本。

8 从外部的视角看公司，能看到更多问题

曾有人问张一鸣："一鸣，你个人的时间是怎么分配的？有多少精力集中在产品，又有多少精力集中在其他业务上？"张一鸣的回答非常耐人寻味："其实我现在多数时候都在做一件事——从外部视角看公司。当我们看别的公司时，常常会看到许多问题，而站在内部时却常常看不到自己公司的全貌，因此要'跳出来看自己'。"

我们的思维方式会麻痹我们的眼睛，麻痹我们的认知，让我们对问题视而不见，让我们对不足之处洋洋得意。就像老人们所说的：每个人身上都背着两个袋子，一个袋子里装着缺点，一个装着优点，我们习惯性地将后者放在身前，以此收获更多赞美、股羡的目光；然后将装满缺点的袋子放在身后，自己虽然看不见，别人却一目了然。

比如，很多创业者提起别家公司的缺点来总是滔滔不绝、"如数家珍"，却说不清自己那一套模式有何局限。往往等问题酝酿得很严重了，或者事情到了无可挽回的地步，他们才后悔不迭。可若学会了跳出来看自己，却能让我们的认知变得更加客观和准确。

那么，如何能做到"跳出来"呢？张一鸣的做法是拿别家企业的长板、短板及发展现状与自家企业进行横纵向对比。他往往能据此发现一些机遇及苗头性问题。

唐太宗说："以人为鉴，可明得失。"我们总无法正确地认识自己，

但一般而言我们能比较客观地看待他人。将他人视为参照物，来反思自己的种种作为。仔细分析他人犯过的错误，努力积累关于成长的经验；观察他人做得好的地方，并套用在自己身上，努力发扬光大。渐渐地，随着我们对自己的认识变得越发深刻，自身也会变得越来越优秀。

想要实现“跳出来”，先得做到“走出去”，多多接触外界信息。褚时健在数次创业生涯中，为了发现自身的不足之处，他曾打破时代局限，一次又一次地走出自己的“两亩三分地”。

1981 年，作为玉溪卷烟厂厂长，褚时健带着厂里的几个车间主任和技术员先后拜访了当时赫赫有名的昆明卷烟厂和上海卷烟厂。这趟行程令他们大开眼界，这几家大烟厂的管理及生产模式等方面都很先进。褚时健脑海中不断回荡着那句话：“人外有人……”

回到玉溪后，褚时健问大家：“找出什么差距没有？人家为什么比我们做得好？”技术员们思考良久，找到了最大问题所在：“人家机器好。”这为褚时健大手笔引进国外先进机器做下了铺垫，也成为玉溪卷烟厂命运的转折点。从这以后，烟厂效益一度飙升。

1984 年，褚时健前往烟草之乡美国考察了一个多月。考察过程中，弗吉尼亚州烟农的某些特殊操作吸引了褚时健的注意力。比如，烟农们会在种植期间定期检测土壤中微量元素的含量，数值低的便及时补上；在对烟叶进行施肥时，烟农门使用的是专业的施肥机器；烟农们会将烟叶、黑麦草、牧草等轮流种植。

褚时健敏锐地意识到，云南土地肥沃程度不输弗吉尼亚州，可正由于连年不断的耕种导致营养成分严重流失，而这正是导致烟叶成熟度不够的重要原因。

褚时健还发现当地所有烟农都会随身携带一本小册子，上面记录着诸多烟草的种植方式，每一个步骤都详细具体，令人大开眼界。事后他回忆说：“我们农科所以前也搞点这些小册子，但写得不具体，实际操作性不高。后面的工作又不跟进，写了也是白写。”

他暗下决心，回国后一定要做出改变。果然，回到玉溪卷烟厂后，褚时健历经千辛万苦，终于建立起了一块烟草基地。这一举措令玉溪卷烟厂补足了短板。

成功“跳出来”的另一个办法是转换视角，尝试站在不同的立场上看待问题。比如，做产品时，张一鸣会让自己变成一个普通用户，一遍遍试用产品功能，再向技术人员提出修改意见。管理员工时，张一鸣又迅速转换成一个普通员工心态，以挑剔的目光去审视公司的管理制度。这给予我们的启示是：学会换个角度去思考问题，更容易了解事物的本真。

第四章

抗压

CEO 必须学会面对不确定性

创业就像一场赌博，你必须要有承受失败的底气和抗压能力。在巨大的市场压力下，张一鸣带领着他的团队乐观面对，做火了抖音，做成了头条号。即便在强大对手的竞争压力下，张一鸣也怀着“向对手学习”的乐观精神而轻松化解。张一鸣认为，CEO 面对不确定性，越是重要的决策，越要三思；直面市场不确定性之际，可以乐观地进行“地毯式孵化”，验证所有可能性；要加速适应改变，不断修正自己。

1 面对不确定性，最好的姿态是始终保持乐观

自创业之初，一路走来，张一鸣见过太多将“凉凉”“毫无希望”“不如放弃”挂在嘴边的人。每次听到这种话他就会深深皱起眉头，内心反感不已。在他看来，未来属于乐观的人。哪怕前方充满了不确定性，也要保持着自信昂扬的心态，勇往直前。

张一鸣曾加入酷讯公司，这家公司一度想做下一代搜索引擎，张一鸣听了这个目标后心里顿生“万丈豪情”。在他看来，这是一段未知的、充满挑战的旅程。

他是这样描述当年的心情的：“我不知道其他人怎么想的，我自己觉得很兴奋。我确实没有把握，也不知道怎么做，但当时就去学，就去看所有这些相关东西。我觉得最后也许不一定做成，或者没有完全做到，但这个过程也会很有帮助。”

虽然酷讯最后并未完成这个梦想，只做了旅游的垂直搜索，但张一鸣仍旧觉得“不虚此行”。过往那些付出也并未浪费，反而变成“肥料”，滋养了日后的梦想。

后来，他立志要做今日头条，并自信满满地表示：“我们要做 1 亿的日启动次数！”很多人听了不可思议：“你这家小公司怎么可能做得到呢？大公司才能做得到。”

张一鸣却知道，他这些话是说给那些乐观的人听的，这样的人才愿

意与公司一起同舟共济、乘风破浪。果然，很多同事被他的话所感染，他们始终对未来满怀信心，始终踌躇满志地奋战在自己的岗位上，遇到挫折了也能很快弹起。他们一起创造出了一个属于今日头条的奇迹。如今，今日头条的日启动次数已经差不多达到了 5 亿。

对不确定性保有乐观心态的创业者，无论身处顺境还是逆境，都能立于不败之地。凭着这份异于常人的乐观与勇敢，哪怕他们一时遭遇挫败，到最后也总能收获想要的东西。

2002 年，褚时健与老伴承包了 2400 亩荒山种橙。二次创业能否获得一个圆满的结果，褚时健并不十分肯定。毕竟这是一条充满艰难险阻的路，他们得等上四五年光景才能看到果实挂满枝头。尽管如此，褚老还是满怀乐观地说："除了天灾，总能整成！"

褚时健将借来的创业基金都投入了果园的建设中。他买来很多有关种植的专业书籍，潜心研究。他还不顾身体上的劳累，经常满山转悠查看果苗。

种橙两年后，王石前来拜访他心中的偶像褚时健，不由得深受震撼。面前的老人已经 76 岁了，他戴着一个简陋的大墨镜，穿着一件破圆领衫，兴致勃勃地领着王石满山转悠。王石好奇地问果树什么时候能结果，褚时健回答说得四年。

王石吃了一惊，四年后褚时健已经 80 岁了。到时候是个什么光景，能不能成功，谁也不敢保证。但瞧着褚时健乐观、自信的样子，王石不由得深深敬佩。

几年后，褚时健的果园基地里硕果累累，一派丰收景象。褚橙就此横空出世，名头越来越响亮。褚老见到这一切，自然颇感欣慰。回忆当初，若褚老没有勇敢地踏出那一步，何来近日的辉煌成就？可见，越是不确定，越要奋力往前奔跑，追逐成功。

身为创业者，千万不要老是将负气、丧气的话挂在嘴边。因为这些话往往代表未尽全力。若创业者明明知道前方艰难，却不用尽全力去奔跑、去克服，反而不停抱怨乃至半途而废。长此以往，哪怕你经手的项目有着良好的前景，实施过程中却也免不了阻力重重。

马云也很反感那种老是说丧气话的人，他说：“创业是一个不停试错的过程。你不能因为这一次失败了，你就放弃，就说一些丧气的话。这种人有的时候，也是让人挺讨厌的。”

阿里巴巴无疑是中国互联网上的一次奇迹。马云和他的团队之所以能创造这样的奇迹，与他们的积极乐观、拼搏奋进的精神分不开。当初无论他们处于怎样艰辛的环境中，无论外界对他们有着怎样的误解，却从来没有一个人唱衰未来。到底行不行，他们用行动来证明。

当年，“十八罗汉”拼凑起 50 万的创业基金，创建了阿里巴巴。当时新浪、搜狐等发展势头良好，50 万只相当于他们的一笔广告费而已。可是，当马云喊出这样的宣言“我们要建成世界上最大的电子商务公司，要进入全球网站排名前十位！”每个人都深信不疑。

一开始，每个人的工资都只有 500 元，大家恨不得将一分钱掰成两半来用。外出办事，每个人都发扬“出门基本靠走”的精神，避免打车花钱。尽管如此，大伙儿谈起阿里巴巴的未来，始终自信昂扬。每个人都暗暗地给自己鼓劲，迟早有一天，会站在人生巅峰！

有人说，成功的创业者都是乐观的疯子。而真正的创业者，就是以 100% 的乐观应对 99% 的失败。的确，积极的心态让创业成功变得容易，而消极的心态则使成功毫无意义。

2 “不放弃，全力以赴去尝试”成就了抖音和头条

张一鸣身上某些闪闪发光的特质让人无法忽略，比如执着坚韧、永不言弃的品质。哪怕到了希望全无、身边人纷纷劝说放弃的时候，他也会绞尽脑汁、拼尽全力地去尝试。

2014 年，腾讯微视、微博秒拍的广告铺天盖地地袭来，覆盖在城市的每一个角落。张一鸣和手下团队颇觉遗憾，他们都觉得已经错过了这个机会，很难再有希望了。

然而到了 2015 年年初，张一鸣紧急召集员工开会，再一次讨论做不做短视频。见大家纷纷反对，张一鸣沉默不语。转眼又过去了一年，张一鸣第三次将团队召集在一起，讨论这个问题。见他如此执着，大家的心也慢慢松动了。张一鸣摩拳擦掌地表示，他们不能放弃这块市场，不仅要做，还要做两款；不仅要做好国内市场，还要进军海外市场，更要做好并购！

如今，三年过去了，他们排除万难，将过往那些看似不切实际的想法一一变成现实：抖音表现出色，越来越受欢迎；TikTok 风头正盛，身影遍布全球市场；除此之外，字节跳动还一举收购了美国短视频社交软件 Flipagram、musical.ly。

正如当初张一鸣所言：“这会是一件给世界带来很多改变的事情，我们要大力尝试。”这些年字节跳动推出的一系列产品和服务都深受欢迎，

影响力变得越来越广泛。

可在2017年春节张一鸣决定收购Flipagram时，大多数团队成员听说要去洛杉矶做整合工作，个个都面露难色、心虚不已。他们中，以前出过国的人很少。只是，无论有多艰难，他们都决定去尝试。秉着这种永不放弃的信念，当初的菜鸟一个个都实现了“究极进化”。

如今，字节跳动的产品已覆盖全球150个国家和地区。有业内人士点评道：“这种以‘勇敢拥抱不确定性，积极尝试’为主题的故事，在字节跳动并不鲜见。”

一位资深创业者感慨道：“古往今来，那些成功把握住‘建功立业’机会的人一定不乏冒险精神。虽然他们并不一定拥有现成的资源，但他们无论身处何种处境都知道如何利用现有条件去寻找资源、如何整合资源。最重要的是，这样的人永不言弃。

拥有不抛弃不放弃精神的创业者大多能取得理想的创业结果。而他们成功的原因，与他们坚韧的性格分不开，也与他们协调调动、整合资源的智慧与积极尝试的勇气息息相关。

在张一鸣看来，被击倒称不上一种失败，放弃尝试才是真正的失败。2014年，他决定做头条号平台。一开始团队进展缓慢，设计的产品看起来很是简陋，吸引不了大批作者的入驻。内部也响起很多质疑的声音，很多人悲观地表示，干脆放弃吧，产品不一定能做得起来。

张一鸣不断鼓励大家坚持下去，他发动全体员工邀请创作者入驻头条号平台，并利用身边一切渠道去宣传公司产品。受他的启发，很多同事纷纷开始挖掘身边的自媒体朋友。

头条号运营人员及其他工作人员在做好本职工作的同时，会通过微博私信等一切渠道给创业者留言，从“今日头条是什么”“智能推荐是什么”等问题开始解释。等入驻的作者数量多了，工作人员又自觉兼任起头条号作者的客服来，化身为沟通桥梁，积极为大家答疑解惑。

如今，头条号已成为国内影响力最大的内容生态平台之一，它拥有100多个垂直领域，覆盖多种信息体裁，覆盖图文及短视频领域，并吸引了一大批原创作者加盟。

张一鸣回想曾经，感慨道：“很多事情，初始都是很困难的，要调动资源全力以赴尝试很多次，才可能取得进展。现在，我们也有一些产品还不够好，我们欢迎积极吐槽提建议，但不要那么容易放弃希望。要吸收真正有价值的吐槽，在重要的事情、正确的方向上，要有旺盛的热情、大胆的想象力、坚忍不拔的意志，踏实去尝试……”

创业成功的秘诀之一在于敢于尝试，永不放弃。但坚持也要掌握技巧，不必拘泥于方法、方向。依据自身情况做出灵活选择，才能为自己赢得更多胜算。

3 就算直面强大的对手，抖音也坦然面对

从没有一帆风顺的创业之路，那些实力强劲的竞争对手们总在一旁虎视眈眈。对此，张一鸣从未有过紧张退缩的时刻，反而时刻保持着从容淡定的心态。

凭借强大的模式优势，今日头条很快超越网易、搜狐及新浪，坐上了国内第二大内容分发渠道的位置。与此同时，国内最大的内容分发渠道腾讯也在加紧转型。双方激战一触即发，面对腾讯这个前所未有的强大对手，张一鸣由始至终坦然面对、不卑不亢。

2018 年 5 月 18 日，一个消息传来，腾讯对抖音下达了一道最严“封杀令”。目前市面上最火的 32 款客户端都处于腾讯公司的“禁封”列表上，字节跳动旗下产品几乎被“一锅端”。

对此，抖音选择了正面回应：“亲爱的抖音用户，还有跟抖音合作过的博物馆们，今天，我想说一句——对不起。很多人知道，在朋友圈刷屏的‘第一届文物戏精大赛’H5 视频，已经惨遭微信封杀……”这封信引来大批网友围观，虽然腾讯方面解释说，此举是为了提高用户体验，但仍有很多网友为抖音叫屈。

其实，腾讯与抖音的碰撞早有预兆。在这之前，张一鸣曾发布一条朋友圈，庆祝抖音 Tiktok Q1 在苹果商店的下载量达到全球第一。

这条朋友圈引来很多业内大佬、朋友们的点赞，张一鸣忍不住在评

论区发了个小小的“牢骚”：“微信的借口封杀，微视的抄袭搬运挡不住抖音的步伐。”

张一鸣随后又在朋友圈表示：“如果（腾讯）不随便打压封杀应用和信息流动，就是更值得尊敬的公司了。”他这种坦然的态度引来了很多人的赞赏，原阿里大文娱董事长俞永福就明确表态：“支持一鸣！”

创业路上，面对竞争对手的宣战，甚至是挑衅，我们更要保持坦然心态，正面迎接挑战。千万别因对手的强大产生畏惧、退缩的心理，这样只会变得越来越没自信，乃至未战先败。

很多人将竞争对手视为“眼中钉”“肉中刺”，老是琢磨着怎么让对方败下阵来，甚至不惜采取肮脏的手段。可这样做非但无法削弱对手的力量，还可能摔得很惨。事实上，那些身怀智慧的人在面对竞争对手的时候，总是抱着尊敬、欣赏的态度。他们不会贬低自身的长处，同时也不会抹杀竞争对手的强大优势。这正体现了一种理智、成熟心态。

比如张一鸣就曾在朋友圈转发热文《谁说腾讯没有梦想》，他还评论说：“腾讯是一家极其优秀的公司，Pony 也是我最敬佩的 CEO。不仅业务和实力，公司和管理层的能力和修为也是业界最好的。相信这也是业界共识，大家都心服口服。”

甚至有很多睿智的人将竞争对手当成学习的榜样。在他们看来，竞争对手反而能促使自身壮大。想要战胜他们，就得时刻怀揣一颗“取经的心”，并用它来向对手致敬。

当初 eBay 进入中国市场的时候，阿里巴巴受到了严重的冲击。这一次，马云瞄准 eBay 及其 CEO 梅格·惠特曼为对手。他酝酿起了一个新项目——淘宝。

当时的 CTO（首席技术官）吴炯并不赞同马云的想法，这件事像一块沉重的石头压在他的心头。在新项目启动之前，吴炯忧心忡忡地问马云：“你究竟怎样做才能斗得过 eBay？”

在吴炯看来，eBay 太强大了，阿里巴巴硬碰硬肯定会吃亏。马云却劝慰他说，eBay 是一个实力强劲的对手，也是一个很好的学习对象。为了应对这次冲击，他决定效仿 eBay 进入电商领域。在他的潜心布局下，“淘宝秘密小队”悄悄成立了。成员们潜伏在湖畔花园，卧薪尝胆，又一次踏上了奋斗的征途。在他们的努力下，不久后，淘宝横空出世。

三星的成长史也验证了这一点。索尼曾给三星带来最大的威胁。后者便将索尼列为角逐、学习的目标。当三星最终明白索尼之所以能够成就霸主地位，主要是因为后者能不断开发新技术的时候，三星的努力有了方向。在索尼商场哲学的基础上，三星总结出了一套完整的经验。有人说，如今的三星，已经超越了当初的“老师”——索尼。

当然，面对层出不穷的竞争对手，想要始终立于不败之地，一定要树立核心竞争力。那些成功人士从不会因为自己的创业生涯中出现了一个强有力的竞争对手就心慌意乱。他们会摆出一副遇事不乱的大将风度，秉着感恩对手、感谢竞争的心态，勇于挑战，不惧失败。

4 创业就像赌博，要有承受失败的底气

在张一鸣看来，创业就像一场赌博。赌赢了，便能“直上云霄”；输了，可能从此一蹶不振。可见，合格的“赌徒”要有冒险的勇气，更要有承受失败的底气，正因他们目光过人、百折不挠，才能走到最后。与他们相比，有些“赌徒”可能还未看清对手，便已出局。

其实张一鸣的创业之路并不算顺利。创建今日头条前，他经历过太多失败。比如，他曾受王兴之邀，以技术合伙人的身份加入王兴的团队，负责中国版的 Twitter 饭否网和海内网的搜索技术问题。饭否一开始发展势头良好，很快成为互联网界一颗耀眼的新星。

然而，到了 2009 年 7 月，饭否因为对敏感信息管理不当。惨遭封站。纵然一年半后得以重新开张，却永远错过了发展的“风口”。饭否关站时期，正当张一鸣不知何去何从的时候，一个熟人找上门来。此人是海纳亚洲投资基金（SIG）的董事总经理王琼。

张一鸣曾任职于酷讯，而王琼则投资过酷讯，二人因此结识。王琼此行，是为了劝说张一鸣一起做九九房。稍做思考后，张一鸣果断决定离开王兴的团队，开启了另一段创业旅程。作为九九房的 CEO，他领着团队夜以继日地奋斗，终于将九九房扶上正轨。

九九房相继推出掌上租房、掌上买房等 5 款移动应用，都很受欢迎。两年时间里，九九房聚焦了 150 万用户，到 2011 年已经在移动端

做到了房产类应用的第一名。

纵然九九房发展势头良好，张一鸣内心却颇感纠结、苦恼。此时国内移动互联网发展势头迅猛，在张一鸣看来“个性化推荐必然会成为未来的趋势”，如果不去寻找一片更大的“池塘”，或许九九房的未来也会如当初红极一时的酷讯一样，路将越走越狭窄。

不久，张一鸣毅然辞去九九房 CEO 的职位，带着一支小团队创办了成立字节跳动科技有限公司，全力打造今日头条。有人问他会不会因此事感到愧疚，张一鸣却摇摇头说：“创业就像赌博，成功是极小概率事件，你会因为赌输了而愧疚吗？”

在很多人看来，创业得谋定而后动，进军谨慎、步步为营。这话没错。可是，千万别以为创业得像修炼武侠秘籍一样，只要按照书里记载的招式分毫不变地去练习，哪怕“武功心法”尚未领会贯通，“任督二脉”也未打通，只要一条路走到黑就一定能收获成果。

现实经验告诉我们，创业成功从来不是必然，它其实属于小概率事件。根据权威网站统计，在美国，新创公司的存活率极低，连续存活 10 年以上的比例仅占 4%。多数公司都在艰难生存，创办一年后，四成以上面临破产；五年以内破产的公司达到八成。哈佛商学院的研究结果也显示，首次创业成功率仅有 23%。这些资料无不佐证了张一鸣的观点。

而且，这也是很多亲身体验过创业艰辛的商业大佬们的共识。美图秀秀董事长蔡文胜曾接受新浪访问，对方问他“是不是人人都能创业”，蔡文胜脱口而出：“创业是少数人能做的事”“创业成功是小概率事件”。他甚至表示，自己是从“死人堆”里挣扎而出的。

之所以有这样的感悟，源于他做天使投资人的经验。纵然如今的蔡文胜在投资人领域创下了不俗的功绩，但刚进入这一领域时，他却遭遇了很多常人难以承受的失败。

投资圈里，流传着这样一个段子：蔡文胜和几位资深天使投资人聚在一起讨论各自投资失败的案例。有人说他经历了 30 多个半途而废的创业者，有人说他经历了 50 多个，蔡文胜一开口，大家都倒吸一口凉气："大概 100 多个了吧，反正我也记不清了。"

当年，"电子杂志潮"涌来时，蔡文胜被汪东风创办的电子杂志 ZCOM 所吸引。他在这一项目上投资了一笔巨款，谁料后来 ZCOM 因缺乏优质内容单月亏损近 200 万元。汪东风默默承受着失败的打击，最终，他选择离开团队，加盟蔡文胜旗下的游戏公司。

2011 年，蔡文胜向飞博共创团队投资数百万元，尽管后者旗下拥有"冷笑话精选"等众多人气旺盛的公众号，却一直没能成功实现盈利。挣扎至最后，这笔投资还是打了水漂。

除此外，蔡文胜还曾慷慨投资 Windows 优化大师项目，并对其投注了大量的时间和精力。可惜的是，这款性能突出的计算机辅助软件还是没能在激烈的竞争中脱颖而出……

创业就像赌博，这条路注定漫长而曲折，挫折与危险如影随形。哪怕一时成功也未必能笑到最后。想要守住这荣耀，就得随势而动，时刻做好转型的准备。就像张一鸣，他从不满足于一时的成功，所以才会果断离开九九房，并因此获得更大的发展与成就。

如果你立志创业，便要提前做好失败的心理准备。那些一路拼到最后顺利摘取创业果实的人，从来是败也要败得坦然。他们甚至会将失败作为成功的跳板，积极从过往的惨痛经验中吸取教训，默默丰满羽翼，等待东山再起。他们相信，只要坚持得够久，掌声和鲜花总会不期而至。而那些忍受不了一次、两次的失败就掉头离开的人，则成了真正的失败者。

5 越是重要的决策，越要三思而后行

张一鸣曾说："创业路上会有很多不确定性，让我们决策时纠结犹豫，说好听一点就是'三思'。"越是重要的决策，越要三思而后行。这是张一鸣创业路上体会深切的感悟之一。

作为公司的领航人，张一鸣有时候显得谨慎而克制。做决策前他一定会对市场行业或者宏观经济情况进行充分的了解，而且他会动员更多同事去直接面向行业，帮助他收集信息、预判趋势。直到做了充足的准备，才能确定下一步发展的方向。

而在人生行进过程中，张一鸣也会像驯化算法一样，做每一个决策前都会进行深入思考。他不断在"喜欢"及"不感兴趣"、"来劲"和"不来劲"之间修正自己，保证每一项决策都合乎理性。某次采访中，主持人问："听说头条内部决策很喜欢用'双重测试'。"

张一鸣点点头，说："以取名为例，多数团队有了好名字之后会说，'这个名字很好，干杯！'而我会说，再做个 AB 测试吧！哪怕你 99.9% 正确，测一下又有什么关系呢？"为了保证决策的准确性，他不在乎多做几次测试，并反复思考、验证。

与张一鸣相比，很多人做决策时习惯于依赖直觉，却忽视内部的逻辑思考，不去对现有事实进行理性分析，还不愿意花费时间去验证，这是他们频频遭遇决策失误的原因之一。

拿破仑曾说："没有什么比决策能力更困难，因而也更珍贵的了。"做决策"三思而后行"，才能让原本灰暗的前景变得明朗起来。然而，在很多行为激进的年轻人看来，"三思而后行"似乎不太适用于这个快速迭代的社会，只因机遇往往在犹豫中丧失。

可是，很多成功创业者都曾表达过这样的观点："快速把握时机"与"三思而后行"说的其实是两码事，把握时机当然很重要，但我们也不能忘了在决策前积极思考，并通过各种渠道去收集有用的信息，这样行动起来才更流畅、顺利。

比如，很多立志创业的人除了要积极寻找风投外，也别忘了思考这样几个问题：方向足够正确吗？自身的技术能力、业务能力、管理能力足够达标吗？拥有的财力、物力能支撑你走到最后吗？拥有哪些可利用的人脉与资源？有几成胜算？

事先经过深入的思考与分析，才能大大增加成功的概率。举个例子，当年马云创建阿里巴巴前曾因公事飞往美国一趟，正是在这一次行程中，他第一次接触到互联网。

马云敏锐地意识到了互联网的价值，当下便决定创业。虽然他一向是一个果断并拥有超强执行力的人，但当下他并未冒昧行动。他独自一个人思考了很久，不断问自己创业的前景与意义，捋清思路后，他将这个想法向妻子、向身边的朋友和盘托出。面对亲友的强烈反对，马云反复向他们分析、解释这一疯狂点子的可行性，最后成功说服了大家。

在这之后，马云坚定了创业的想法，不管不顾地投入到了新的奋斗旅程中。马云创业前的深思熟虑也为阿里巴巴之后的成功奠定了基础，之后的一切便成了水到渠成的事。

当然，决策时考虑得太多便显得畏首畏尾了。美国前国务卿鲍威尔提出过这样的建议："做决策的时候，需要在掌握 40% 至 70% 信息的时候做出你的决策。信息过少，风险太大，不好决策；信息充分了，而你的对手已经行动了，那么你就出局了。"

具体而言，我们应当如何有效地做决策呢？全球顶尖对冲基金

Bridgewater 创始人 Ray Dalio 一直在寻找降低决策错误率的方法，他给出如下建议：

做决策时，最大的威胁莫过于情绪。我们总在情绪的支配下，脑袋一热便做出某个决定，事后又后悔不迭。想要隔绝情绪的影响，就一定要让“了解先于决定”。

了解的内容包括相关现实形势、每个人的立场及看法，等等。了解的过程中，我们首先要区分哪些信息重要，哪些不重要，过滤、筛除不重要的信息。

无论我们想了解什么，先找到这方面的负责人，先去请教他们相关详情。千万不要去问那些一知半解的人。收集来的资料及其他人的反馈意见，不要偏听偏信，学会区分观点与事实，并逐一核实。记住，不要过度纠结于不重要的细节，尽量从宏观角度去考虑。

古人说，三思而后行，谋定而后动。未来像一个巨大的黑洞口摆在我们每个人的面前，哪怕只行错一步，却可能让我们坠入万劫不复的深渊。

做事当然需要果决，但果决不是鲁莽。三思而后行，也并不意味着踌躇不前。就好像每次出门前，我们得弄明白目的地究竟在哪里，路途中有哪些限制条件及可利用的资源。我们每次做决定前，也要把各方面的利弊都考虑到位，耐心听听别人的意见再去行动。尤其是那些对人生影响巨大的决策，一定要考虑周详，减少不确定中的危险因素。

6 “地毯式孵化”，验证所有的可能性

面对未知的未来，想要逆袭成功，不妨将自己变成一只“八爪鱼”，在有限的时间里紧紧“缠绕”住所有的可能性，大范围下注、“地毯式孵化”梦想。

对张一鸣来说，他就从不放过任何一个创业成功的可能性。每一次出发前，他首先会明确目标。坚守目标的前提下，如果一开始他并不知道怎样做才能顺利到达终点，他就会将所有他能想到的、看到的方法通通试一遍，直到达成预期中的效果为止。

比如，今日头条的产品路线和 2012 年张一鸣最初创业时所提出的那些构想并没有太大出入。他和手下团队始终坚持着自己的产品理念和产品主线，与此同时，他们会针对市场变化列出所有的可能性，依据别家公司的成功经验进行“地毯式孵化”。

2012 年，张一鸣研究发现，App Store 排行榜前几名都是搞笑类产品。于是，今日头条先从娱乐、搞笑类产品做起。头条第一个 App 是“搞笑囧图”，紧随其后的是“内涵段子”“美图精选”等。因为不确定具体哪个产品能取得最好的效果，2012 年上半年，头条一连做出 10 多款不同方向、功能的产品，紧接着马不停蹄地投放入市场进行测试。

相关媒体评价说：“在连接人与信息这条路上，他要做的是聚合所有信息平台。不拘泥于文字、图片、视频，甚至以后任何未知形式的表达；

也不限制在交通、股票、娱乐等维度。”

2016 年，今日头条的“地毯式孵化”策略进一步升级，转为“全赛道覆盖”模式。虽然全行业都对短视频的未来怀有极大的信心，但像张一鸣一样先分析所有可能性，再注意验证的激进“打法”并不多。那几年，头条涉及的区域包括短视频、小视频和直播等。

到了 2018 年，为了吸引头条吸引不到的用户，公司开始向着“信息流 + 社区”的方向发展。具体做法是，一方面加强每款主产品的社区属性，一方面不断孵化新产品。这些尝试中，有的大获成功，比如抖音；有的差强人意，比如悟空问答。

“人家说我们做不出，那我一定要做出来给大家看。”张一鸣如是说。他及手下团队一直都不相信别人武断的评论，行不行他们得真正试过才知道。

雷军在金山时期实施的“广泛撒网”“以战养战”等管理法则与张一鸣所秉持的“地毯式孵化”策略有着异曲同工之妙。当年，在微软与盗版的双重打击下，雷军意识到，将所有鸡蛋放在一个篮子里是一件风险很大的事情，金山必须调整策略。

雷军花了很多心力去挖掘市场潜力，分析并列出关于未来发展的所有可能性。于是，1996 年后，金山相继推出了《金山词霸》《金山毒霸》《剑侠情缘》《电脑入门》等软件。幸运的是，这些产品屡次打破销售纪录，之前预想的可能都变成了现实。

美国康奈尔大学的威克教授曾做过一个著名实验，他将几只蜜蜂放进一个瓶中，并让瓶底向光。蜜蜂不断向光亮冲去，却频频碰壁，不出一会儿蜜蜂便奄奄一息。

教授又捉来几只苍蝇，不同于蜜蜂的是，苍蝇一会儿向上飞，一会儿向下飞，一会儿向光，一会儿背光，积极验证着所有逃生的可能性，最后它们成功找到逃生通道，获得了自由。

可见，与其死守一个方法、固执地一条路走到黑，不如采取“广泛撒网法”。这不只能提高成功的概率，有时候还会让你见识到“柳暗花明又一村”的惊喜。

这一过程中，我们千万不能忽略几个要点。比如，始终坚定目标，不要朝三暮四。切记，尝试所有可能性，一般指的是在确定方向的前提下，积极验证所有通往终点的方法与策略。如果动不动就更换目标，只会让原本笃定的未来渐渐变得遥远。

其次，不要漫无目的地去实行“地毯式孵化、广泛撒网”的策略，一定要有重点。今日头条在 2016 年涉足短视频、小视频和直播等领域。其中，直播属于新的业态，是一次新的尝试。而短视频、小视频则是发展的重点，因为它们很适合头条这套分发逻辑。

另外，想要让更多可能性变成现实，最好找到行业规范，“对标”去做。今日头条做西瓜视频时，对标的产品是当时短视频领域做得最好的 YouTube；火山小视频则对标当时火得一塌糊涂的快手；A.ME/ 抖音对标美国的 musicl.ly……总结他人失败的教训，借鉴他人成功的经验，今日头条的多款产品先后在市场上站稳脚跟。

更重要的是，为了节省成本，遇到效果不好的务必第一时间放弃。张一鸣团队在推出今日头条前，值得一提的成就是做出“飞飞”和“xiangping.com”。但这两款产品重点体现的还是 PC 思维，很快，张一鸣便让研发团队放弃 PC 思维方式，聚焦思路于移动。

问题看得全面，才能考虑周全。同样的道理，根据现有条件铺设所有的可能性，再逐一攻克，也能增大成功的概率。

7 加速适应改变，不断修正自己

有人说，成长指的是一个不断修正自我的过程。而思维和认知过分僵化，不适应外界变化的人，迟早会被淘汰。拿张一鸣来说，他的创业历程很好地体现了适者生存的道理。

2015 年，今日头条异军突起，像“野马”般在国内互联网市场里横冲直撞，引起了一场场集中而激烈的媒体变革。面对外界炙热的目光，张一鸣颇有些不适应。理工科出身的他一直以来都习惯将注意力放在产品和技术上，却不喜欢暴露在公众媒体的窥视下。

但是，考虑到目前的商业格局，32 岁的张一鸣不得不修正以往的想法，硬着头皮去适应这些他不擅长却又必须应对的场面。不断有媒体邀请他亮相、发言，张一鸣笑言，这实在是个不小的挑战，他得耐心地将说过的话一遍遍重复，又一遍遍申明观点与态度。

虽然出现在公众面前的频率越来越高，但张一鸣骨子里仍旧是个程序员，始终执着于代码，始终温和、理性。他说，自己一直不喜欢被人关注的感觉，但“但如果这对公司和产品有帮助，我愿意去尝试”。某次接受采访时，面对摄影师的镜头，张一鸣脸上展露出了一丝羞赧。但他随即调整状态，尽量让镜头里的自己显得更自然、自如。

他回忆起 2012 年刚创业时候的自己，和十几个志同道合的伙伴挤在公寓里埋头写代码，每个人都在做自己感兴趣又擅长的事。可到了

2013年下半年，团队人数急剧膨胀。张一鸣身负决策者的重担，猛然发现，自己已经没有时间去写代码了。战略布局、产品研发、团队管理，这种种事物挤占着他的时间和精力，很多事情他只能给出决策，却来不及细化。

从最初创业时的核心员工，到如今的创始人、CEO，他的角色发生了巨大的变化。谈及此，张一鸣皱起眉头，说："这种不能把一件事情做完的状态我很不喜欢，甚至有些抵触。我宁愿去改代码。"但是，随着职业变动，他还是第一时间接受并适应了种种角色转化。当下的张一鸣，更多关心的是如何带动手下团队更直接、有效地完成目标。

每个人的一生都是一个不断修正、补充、塑造自己的过程。可怕的是，思维僵化，拒绝成长，并用自己有限的认知去评价、影响、框限甚至是控制别人。

所有的创业者都想成就一份完美的事业，却找不到有效的途径。资深创业者却用经验告诉他们，完善自我最好的方法莫过于不断修正自我，以开放的心态去接纳外界形势的变化。

董明珠曾说："人最重要的是自我驱动。用什么方式、制度，不让他再犯这样的错误，或者不让我再犯这样的错误呢？人，需要不断修正自己。"

这位敢说敢做的商界"铁娘子"外表强硬，内心却宽广灵活而又开放。1994年，她被调回格力总部任经营部部长，面对这一新身份，董明珠加速转型，将注意力从商务营销转移到内部管理上。她积极学习新知识，努力适应新改变，很快便在这一岗位上做出了成绩。

2012年5月，董明珠接任格力电器董事长。这一次，她依旧反应迅速，雷厉风行。她将精力更多地放在了战略布局上，并根据国内互联网市场风起云涌的新趋势，提出要将公司以往在空调上的成功经验复制到其他产品上，比如手机、空气净化器、除湿机等。

这一过程中，机遇不断，困难与挫折也如影随形，好在董明珠会依据现实情况不断修正路线，并勇敢地拥抱变化，这使得格力最终坚守住了多元化稳健发展的道路。

2015年，格力出现了近年来首次营业收入、净利润双双下降的情况。董明珠一改往日低调的作风，频频接受媒体的采访，甚至首次登上了综艺节目。虽然她还不太适应这种改变，但又努力抓住潮流趋势，积极为格力代言。她还宣称，自己愿意因为格力成为网红。

当时代的浪潮以席卷一切的姿态朝我们奔涌而来时，你我应当如何应对？聪明的创业者会根据当下的趋势做出敏锐的判断，同时做出相应的改变。他们会勇敢地接受挑战，同时不断地修正自己。这样的人心态往往更成熟，行为更理性，思维更缜密。

修正自我，首先要修正的是自己的认知。人与人最大的差距，不在于年龄与容貌，也不在于财富与地位，而是认知。认知层面上的差距，足以造就两段天差地别的人生。

认知狭隘的人通常固执倔强，毫无自主判断能力，又容易受骗。而一个人的认知，越广泛越全面，就显得越低调、睿智。他们尊重和自己拥有不同想法的人，与此同时，也能朝着梦想中的未来坚定不移地走下去。

如果我们发现自身认知存在不足之处，出现一些不靠谱的、不符合当下趋势的想法，就要及时去改正错误，积极去充实自己。千万不要故步自封，抗拒改变。

修正自我，更要时刻审视、修正自己的言行。错误的想法会形成很多错误的行为表现，我们要常怀自警之心，让内在的声音成为行动上的“硬约束”。

创业是一个不断战胜自我、逐步取得新高度的过程。环境一旦发生了变化的迹象，我们就要积极地去接受改变、学习改变。只有不断修正自己的言行与认知，才能不断接近完美的自己。

第 五 章

高 效

把重要的事情做好

很多人都评价张一鸣说，他简直是一位“机器型”CEO，运用其强大的思维能力，总能在所有路径中找出高效的最优解。他认为，高效来自重要的事情上做得好，而不是处处做得好；高效是致力于做正确的事，而非容易的事；高效是逃逸平庸的重力，将优秀变成一种习惯。高效是只要概率上占优，就专注、全情投入。此外，他还认为良好的身体和体力是高效的根本。

1 效率来自将重要事情做好，而不是事事做好

张一鸣说，每个人的时间和精力都是有限的，越是想事事都做得好，便越是连一件小事都办不好。优秀的创业者都是时间管理高手，他们会将目光聚焦于最重要的事情，而非把精力平均分给每一件事。

有段时间，为了提高效率，张一鸣尝试起了一个方法。他像切蛋糕一样将一天的时间分割成很多小块，然后按照时间表，精准完成一项项计划。一开始，他感觉良好，很多碎片化时间似乎都被利用起来了。反复试验几次后，他却感觉到自己的状态不如预期。

按照这一时间管理法则，他像个陀螺一样不间断地处理不同领域的工作，到点了切换另一件。一天过去了，表面上看他插手了很多项工作任务，仔细盘算后却发现，几乎每件事都处理得差强人意。他的本意是节约时间、提高效率，结果人变得疲累，效率也越来越低。

后来，张一鸣才领悟到"管理精力比管理时间更重要"。他开始调整实验方向，去寻找专注、高效的波峰，并将大部分时间和精力投入真正重要的事情上，很多无关大局的事情则交给别人处理。慢慢地，张一鸣发现有选择的付出才能收获更多回报。他总结说："我觉得更大的效率来自重要事情上做得好，而不是在处处做得好。"

《最重要的事只有一件》这本书的作者加里·凯勒拥有全球最大房地产公司之一。书中，他提出一个问题："如果把时间看成一个人的原始资

本，那么每个人的原始资本都是每天 24 小时。成功的人是怎么分配他们的原始资本并得到远远超过别人的收益的？”

加里·凯勒给出解答，成功人士从不追求面面俱到，更不追求“将每一件事都完成得很好”，他们所有的行为和精力都紧紧围绕着他们心中最想要实现的目标。

拿张一鸣来说，自从他调整方向，放弃了很多不是必须要做的事情，只将精力投注于最重要的事情上后，不但他本人的工作效率达到了满意的状态，公司发展也有了跨越式的飞升。

《最重要的事只有一件》这本书介绍说，关于成功有很多谎言。比如说，我们总以为多劳多得，或者每件事都很重要。而那些创业大佬们在做决策之前，总要经过一番深层次的思考，直到找到主要任务，然后再围绕主要任务处理其他次要任务。然而，生活中很多人却总想一口吃成一个胖子，什么都想做，而且都想做好，导致大量时间和精力白白被浪费。

另外，千万不要认为一心多用，同时做几件事效率会更高。斯坦福大学的研究表明，所谓的“多面手”通常是一个谎言。一个人若同时兼顾几件事，往往会变得手忙脚乱，看似每件事都难不倒他们，实际上每件事都做得很不到位，连及格也谈不上。

就好像张一鸣一开始奉行的那张时间计划表，他每切换一次任务，都要消耗一些时间去适应。如果是复杂的任务，消耗的时间和精力则会加倍。这其实是得不偿失的事。只有收回分散的注意力，将时间集中起来，减少干扰只做一件事，反而能提高效率。

创办一家企业也是如此，先确定核心目标及产品的核心优势，然后付出最大的努力与专注，才能有效提升成功的概率。雷军曾说，小米永远会聚焦于最重要的业务上，保持一家小公司的规模。而他本人也会致力于将最重要的事情做好，凡事遵循“少即是多”的处事原则。

张一鸣对此深表认同。曾有人问他：“头条如何对众多的机会进行选择，如何做好减法？”张一鸣给出的答案是：“目前，我们还是相对克制，能够不做的事情尽量不做。我们希望主干业务清晰、高内聚，而不是发散。”他发现，聚焦于主业务足以让公司取得最大的发展。

乔布斯也正是秉持着这样的原则，才让苹果公司起死回生。1997年，苹果接近破产。而乔布斯回到苹果后，传达的第一个理念是：“决定不做什么跟决定做什么一样重要。”

苹果公司盲目跟随市场潮流，一味学习别家公司的做法，短时间内大量扩增产品型号是其遭遇这场危机的原因之一。乔布斯回归后，所做的第一件事是大刀阔斧地砍掉产品团队提出的90%的型号，包括当时很出名的手写设备“牛顿”项目。在乔布斯看来，产品越多，越会对企业造成负担，还不如将所有资源聚焦于那些真正重要的项目上。

离开强有力的执行力，创业者很难把握好时机，顺利地实现创意。想要提升执行力，创业者就得分清什么是重要而紧急的事情，什么既不重要也不紧急，着意训练自己的时间管理能力。如此才能将有限的时间和精力投注在关键的事情上，比如做深度思考或重大决策。

2 像调试机器一样调试自己，寻找最优解

很多人评价说，张一鸣简直是一位“机器型”CEO。今日头条最大的特点是针对内容的智能算法推荐，相当于一台精准流量分发机器。而张一鸣也恨不得将自己变成一台机器，他一直奋战在寻找目标和完成目标的征途中。如果遭遇失败，就优化手段，再次启程。

张一鸣像调试机器一样调试、训练自己，他希望自己能尽量克服人性弱点，达到一种平衡、自然的状态。而他最关心的问题莫过于：“你的目标是什么？”“如何更有效地去提供（产品服务）？”他认为，想要实现效率及利益的最大化，就不能跳过这两个问题。

有一次，公司 HR 向张一鸣申请饭补，并提出一个建议：“员工越来越多，已达到上千人规模，最好让员工自己解决午餐问题。”在张一鸣看来，这是一种讨巧的思维方式，远远谈不上最佳解决方案。他连连反问道：“你们想解决什么问题？发不发餐补对员工吃饭的选择有实质性影响吗？你没有解决任何痛点，那这个设计就是没有意义的。”

最后张一鸣并未采纳 HR 的建议，反而决定采取包餐制。他除了不惜大费周折为员工创建食堂，还为食堂配备了星级厨师，并承诺菜品“一个月不重样”。

这无疑节省了员工大量的时间、精力，也极大地激发了员工的工作热情。看到效果后，HR 也承认说：“这是我们最不想做的……但是事实

上，这才是能解决员工痛点的。”

业内人士评价张一鸣：他做事总是追求达成目标最短路径的方式，“输入，输出，路径”。今日头条合伙人张利东在2013年成为张一鸣的创业伙伴。当初张一鸣邀请他加入时，先是找来一块小白板，然后在白板上写下一长串复杂的计算公式。张一鸣一边写，一边解释着今日头条广告盈利与公司发展步骤相结合的种种方式，及最终能达到的效果。

张利东看得目瞪口呆，事后他回忆当时的情形，还是觉得震撼。他说，生平第一次见到有人用“公式”来推演创业思路，简直像极了一个机器人。

2015年年初，张一鸣大手一挥，定下这一年的目标：“让1000个头条号每月至少获得一万元回报。”一年后，今日头条成功让1020个头条号获得超预期回报。员工们也觉得不可思议，都认为如此精准的路径实现能力称得上“魔幻”。

极客公园创始人张鹏则评价说，张一鸣思维处理能力很是强大，仿佛自带了一套强大且稳定的运算法则，“不是很多人都能有这种能力的，大部分人都没有一套程序，都是比较受场景或者其他的因素影响，他是有一套比较稳定的程序来运动这些东西。”

美团创始人王兴也说张一鸣有着机器人一样的计算力。最让他惊奇的是，张一鸣实现目标的过程中目的感极强。的确，张一鸣不会因为别人说“这是一个好主意”就机械地投入所有的时间和精力。他也不需要别人来告诉自己“为什么”，而是自动自发地去寻找目标。

为了达到效率的最优解，一定要学会运用“痛点思维”。PC时代，有关“痛点”的概念并不是十分普及。而到了移动互联网时代，如果能成功抓住痛点，就能以最少的成本博取最大的成功。解决了痛点，大概率上能解决所有问题，这无疑是达成最优解的有用手段之一。

张一鸣会用机器一样的眼光去看待问题，抛开表面现象，通过反问的方式抽丝剥茧，直到抓住问题的痛点。他要求下属无论何时何地，无论发生怎样的情况，都要优先解决痛点问题。

这对于年轻创业者来说，十分具有借鉴意义。不妨像张一鸣一样将多余的情绪过滤出去，就算创业途中遭遇了失败，也要将自己变成一个没有感情的机器人，再接再厉，重新开始。明确起点和终点，并在所有路径中找到最优解。

越优秀的创业者越懂得保持理性，权衡利弊。我们不妨以张一鸣为榜样，将自己的大脑视为一个拥有超强计算力的 CPU（中央处理器），并设置好参数。遇到问题时，通过种种方法去寻找最优解。习惯了这样的思维模式，我们也能变得越来越优秀。

3 逃逸平庸的重力，将优秀变成一种习惯

《成都商报》曾对张一鸣做过一次深度访谈。其间，记者抛出一个问题："您的微博简介第一句话是'逃逸平庸的重力'。这是对自己的总结，还是鼓励？"

张一鸣说："我觉得是鼓励，这是很久前写的一句话。"为了阐述这种状态，他提到日本动漫《七龙珠》。他说《七龙珠》里有一个"超级塞尔人"的状态，每一次主角都要非常努力才能变身一次，很不容易，可当持续变身久了就不用变回来了。"这和'优秀是一种习惯'是同样的意思，你总是对自己要求很高的话，你就习惯这样做了。"他说。

张一鸣随后又举了个例子："航天器要想围绕地球转而不受重力影响掉下来，就要达到第一宇宙速度——7.9 公里每秒，但前提是你要先达到这样的速度。这就是逃逸平庸的重力。"

《如何改变习惯》这本书告诉我们，想要培养一个好习惯，一开始都很难，唯有咬紧牙关不松懈，随着时间的流逝，坚持也会变成一件容易的事情。

张一鸣刚上大学时，周围有些同学脱离了高三那种紧张忙碌的氛围，整个人都松弛了下来。张一鸣却绷紧脑海里的那根"弦"，不愿意无所事事地过日子。

他说自己整个大学期间主要做了三件事情："一是写代码，因为我是

搞技术的；二是看书，看了很多很多书；三是修电脑。基于此收获了三件事——耐心，知识，伙伴。”一开始，他也很容易被周围松懈的氛围所影响，久而久之，他的学习效率越来越高。

为什么工作效率难以提高？其实，一个人通常会在两种力量的趋势下主动去做某事，其一为内驱力，其二是习惯。内驱力指的是一种内部动力，而做事三心二意的人，大多缺乏内驱力。他们总是在外界的逼迫下无奈去努力、去奋斗，却不是发自真心想去做某件事。在这样的状态下，别说工作效率了，能够勉强完成工作都已经成为一件奢侈的事。

对于那些拥有足够内驱力，或者成功欲望足够强烈的人来说，他们中绝大部分总也无法摆脱人类贪图享乐的本性。一旦懒惰袭来，他们就会努力地调动理智来压倒情感，渴望“超我”能控制“本我”。虽然极力地与自己做抗争，但结果却往往是“惨败”，最后搞得身心俱疲。

而且，在自我对抗的过程中，内驱力往往会被损耗得一干二净。这就是他们为什么工作热情高涨，却无法保证效率的原因之一。想要保存内驱力，提升效率，不妨利用习惯的力量。好的生活习惯能将那些枯燥艰难的事情变得熟悉，甚至变成日常生活的一部分。

创业者想要培养良好的工作习惯，就得在认识自我的实践中找到属于自己的内驱力。比如找准创业的方向，做自己热衷的事情。唯有彻底点燃了梦想，激发了热情，才能毫不费力地去坚持。久而久之，自律便变成了一种深入骨髓的习惯。

除此以外，有志于创业的年轻人为了培养更多优秀习惯，不妨参考以下意见：比如，培养一个好习惯之前，搞清楚这件事有多重要。拿早起来说，优秀的创业者不会因为看到别人早起，就觉得自己也应该这样做。如果你缺乏一个更好的理由去说服自己，你就很难改变自己。但如果你发现了早起的重要性，你就能拥有足够强劲的动力去面对早起的困难。

李嘉诚曾说：“无论我晚上几点睡觉，我都在早晨固定的时间醒来（5点59分），因为要听早晨的新闻。”听早晨的新闻对他来说足够重要，所以他保持着早起习惯，多年如一日。

比如，创业路途中先改变行为，再改变思想。社会心理学家指出，先改变思想才能改变行为的说法未必准确。事实上，想要提高效率，不用顾虑太多，先做再说。你可以从一些很小的行动开始改变行为。培养更多的“微习惯”，慢慢让大脑习惯新的行动。

张一鸣曾表达过这样的观点：养成一个好的习惯，一直坚持下去，早晚有一天你会赢过周围大部分的人。身为创业者，你要相信自己具有脱离平庸、靠近优秀的潜力。

4 做正确的事，而不是容易的事

2019 年 3 月 12 日，张一鸣在公司 7 周年庆典上回顾了创业旅程。他特别强调，自己一直致力于做正确的事，而不是容易的事。他举例说，字节跳动这两年来不断启用新的办公室，装修问题便在公司内部引起广泛讨论，很多同事吐槽办公室气味实在太难闻。

这些吐槽的声音传入张一鸣耳中，很快引起了他的重视。其实因为公司发展实在超越预期，员工们一共搬了好几次新办公室，气味问题一直是个难题。张一鸣问负责装修的团队，为什么不能彻底解决这个问题。对方却说，他们一直按照高标准来测试，办公室甲醛绝对不超标。但同事们还是觉得难闻。无奈之下，大家尝试用各种方法去清除味道，比如在各个角落里摆上绿植，多多通风，但都见效不大，只能起到心理安慰作用而已。

张一鸣想，折腾了这么久，大家其实做的都是一些表面的工作。这些主意稀松平常，容易操作，付出的成本也低，结果只能是白白浪费时间和精力。如果尝试着去做一些更“难”的事情呢？真的尝试过世界上最有效的办法了吗？

能不能介入生产环节？有没有可能联系材料专家，从工艺和流程入手，一举解决问题？“虽然很难，也许不能在一个月、一个季度搞定，甚至一年内，都解决不了，我们还是要想办法去尝试。希望明年，我们在这方面能有突破，不仅帮几万员工解决搬家时会遇到的空气质量问题，可能还是很好的商业机会。”张一鸣说。

在张一鸣看来，这种做法表面上大费周折，其实只要下定决心去做，就能一举截断问题发生的源头。这些难事，其实是“正确的事”。只有做正确的事，效率才高。

创业过程中，如果一味贪图表面的舒适与便利，却不站在长远的角度上去思考，很容易在不断地“返修”“重启”中耗尽耐心，甚至浪费掉来之不易的创业机会。

很多创业者都强调，创业一定要做难而正确的事情。不断地死磕，持续地去解决问题。好比“升级打怪”，迟早能迎来最终通关的那一天。这反而能带来最大的效率。

做企业也遵循这样的道理。某些时候不怕麻烦、不怕“绕路”，反而能节省资源，保存实力，缩短与成功之间的距离。美团网副总裁王慧文就提倡：“发现正确和不正确的事情，避免不正确的事，然后把正确的事做的力度更大一点。”美团创始人王兴也坚信，难走的窄路才能越走越宽。之所以有这样的感悟，源于“百团大战”“千团大战”。

王兴曾带着手下团队成立美团。之后一段时间里，团购模式企业如雨后春笋般层出不穷。截止到 2011 年 8 月前，国内差不多出现了 5000 多家这种类型的企业，并因此爆发出一次规模超大的“商业混战”，即“百团大战”“千团大战”。

激烈的市场竞争下，很多团购网站一味追求市场规模和用户指标，却对企业运营及产品、服务极其敷衍。它们便丧失了市场竞争力，比如糯米网。

相比之下，美团一直坚持做着那些艰难却正确的事。王兴并没有大打广告，而是从外部招聘了许多 IT（信息技术）工程师，持续在 IT 系统上投入。然而，那段时间竞争对手们却在到处挖人，美团网虽然被挖走了很多销售骨干，却没有 IT 工程师。王兴分析说，对手们只对销售人员感兴趣，是因为销售人员对业绩可以有立竿见影的提升，但建设 IT 系统却是长期工作。

而且，王兴还花了半年多时间，补充管理团队，加紧布局未来。做简单的事，一时之间可能见效飞快，却对长远发展无济于事；立足于未来，做艰难却正确的事，才能实现真正的效率。随着团战热度冷却下来，美团如焕新生，迅速在国内市场中站稳脚跟。

身为创业者，每当想要逃避眼前的麻烦与困难，去做一些见效快、相对而言较容易的事情的时候，一定要问问自己：“这是一个正确的决定吗？”毕竟市场环境变幻莫测，总是抄近道，反而会将你带入沟渠里。而多绕点远路，却可能一举解决问题。

创业，就是要做正确而有价值的事。无论这件事看起来有多艰难，中途有多少陷阱，都要勇敢地迎难而上。

5 不必等万事俱备，全情投入创奇迹

熟知张一鸣的人都知道，“大力出奇迹”这句话简直是他的口头禅。重复多了之后，甚至变成了他的个人标签。他总是说，如果等到一切条件都成熟了再去行动，“煮熟的鸭子”也会飞了。而真正的高效是，只要概率上占优，就全情投入，拥抱奇迹。

2019 年 3 月 12 日，张一鸣在公司 7 周年庆典上第一次谈到他涉足社交领域的原因。这得从 2018 年字节跳动社交 App 项目多闪正式立项说起。2019 年 1 月 15 日，抖音正式推出多闪。然而，活动现场，很多观众反馈，下载多闪时遭到微信屏蔽。

此后，字节跳动和腾讯两家公司发生了不少摩擦。公司内部很多员工不理解张一鸣为什么要在此时开启多闪项目，这无异于是在向腾讯“宣战”，压力太大了。很多朋友也一直向张一鸣追问个不停，大家都说，现在条件未必成熟，何不等一等再出手。

张一鸣说，他在意的不是商业利益，他也不是非得要和别人竞争。“但是面对去年 20 万用户的吐槽无法通过微信分享抖音链接的问题还需要解决。”

大荧幕上出现一张用户用微信发送抖音链接被屏蔽的截图。张一鸣严肃道：“去年我们仅在 App 内就收到 20 万用户的反馈，大家在问，为什么不能通过微信分享链接？是你们的软件出故障了吗？为什么不能给我妈妈发抖音视频？为什么不能给我同学发西瓜链接……”

连连追问的背后，是庞大的需求。而且，凭借字节跳动如今的实力和它在行业内的影响力，未必不能捧出另一个热门产品。从概率上来说，多闪的未来十分值得期待。

既然如此，为何不全身心地投入这个崭新的目标中去呢？张一鸣回忆起字节跳动诸多早期的创业经历，几乎都是在条件未必成熟，但概率占优的情况下，大力出奇迹的结果。比如当初张一鸣倾尽所有资源押宝抖音，如此“大力”才换来抖音如今的“江湖地位”。

事实上，创业旅途中根本不存在真正意义上的“万事俱备”。如果非要等到所有条件都“熟透”了再去做某件事，只会让机遇白白流失。创业更是如此。

创业成功需要的条件太多了，充足的资金、市场的成熟、贵人的相助等缺一不可。但这并不是说我们要在所有条件都具备后再去行动，毕竟没有谁在一开始就什么都准备好了，可随着他们毫无保留、倾尽全力地投入与付出，才迎来了属于自己的成功。

当然，“大力”不是“蛮力”，我们全力以赴的前提是“概率占优”。张一鸣极其擅长寻找效率的最优解，他无论是做抖音还是多闪，事先都经过复杂的计算与预判，确定拥有很大胜算才着手去做。既然决定做了，就无论压力多大，也要坚持到底。

“一代励志传奇”褚时健也有着同样的做事风格。2001 年，他着手筹划种橙，是因为：“一件事，一点不懂，我不敢干。我学了七八成，有七八成把握，才敢干。我考察了水果市场，外地运来的冰糖橙很贵，本地的便宜，但产量少。我就想，除了天灾，总能整成。”

褚老种橙时，完全称不上“万事俱备”。他年事已高，精力跟不上，资金也是个问题。但他依据自身情况反复盘算，还是得出了成功概率占优的结论。从 2001 年开始种植到 2010 年打出“褚橙”品牌，褚时健用了整整 10 年。如此“大力”，终于成就了褚橙的奇迹。

“蜜芽”创始人刘楠 2010 年怀孕后，便辞掉工作出了国。在国外时，她经常逛婴儿用品店，有时候也会通过通信软件与国内的准妈妈们进行交流。

聊着聊着，她发现，国内只有几个大城市设立了一些国外品牌的代售点，准妈妈们为了买到合适的婴儿用品，往往要费尽周折。虽然一些人会利用“海淘”来购买心仪的婴儿用品，但绝大部分准妈妈都会为商品上那些花花绿绿的文字而焦心不已。

一个想法出现在刘楠的脑海里，她决定开一家店，只为这些焦虑的准妈妈们服务。她的优势显而易见，她懂技术懂管理，而且十分了解准妈妈们的痛点。但在亲朋好友们看来，刘楠没有开店的经验，而且此时国内绝大部分电商还未开通跨境购物服务，条件根本不成熟。

刘楠仔细比对创业的优势和劣势，还是认为成功的概率非常大。最终，她下定决心要开始创业。仅仅准备了几个月，她的小店便在淘宝上开起来了。这便是蜜芽的前身。如今，蜜芽已经成为国内知名母婴电商。如果当初刘楠畏首畏尾，哪来今天这份事业？

想要提高做事的效率和成功的概率，首先得保持理性，权衡利弊。如果确信概率占优，就不必等到一切条件都成熟后再出手。只因时间不等人，谨慎过了头可能会满盘皆输。

其次，一旦决定好去做，就要做到“大力”投入，勇敢向前，不怕付出。张一鸣说：“大力出奇迹，是一种方法论，也是一种人生观。”只有试过倾尽全力，才有机会在创业路上收获硕果。

6 目标一旦确立，就极其专注

王兴曾感叹说，张一鸣对于目标的那种专注感是常人难以企及的。王兴笑言，他自己可能还会因为兴趣或者其他原因做些和业务无关的事情，但张一鸣在这方面却很克制，张一鸣一旦确立了目标，就会全身心地投入，毫无顾忌地燃烧热情，直至梦想成为现实。

“新经济 100 人”创始人李志刚曾与张一鸣有过多次深度对谈。第四次聊天时，李志刚问：“你觉得你做了哪些关键决策，让今日头条从估值 1 亿美元到 100 亿美元？”

张一鸣娓娓道来，创业头三个月里，他和手下团队在确定今日头条未来发展方向上下了最多的功夫。“我们大部分关键决策，80% 在创业之初基本确定了。”他说。

从这以后，张一鸣率领手下团队风雨兼程，尽管具体的执行方式有过一些变动，但他们心中的目标却始终不变，只专注短内容、手机及推荐。今日头条之后的发展也一直围绕着当初的预想慢慢走入正轨。在张一鸣看来，缺少专注的力量，头条无法走得长远。

2015 年，张一鸣特意找到 2012 年创业之初写过的一个 PPT，并将它展示在所有同事面前。通过一番细心观察，团队成员得出结论：今日头条如今的发展基本契合当时的预估。张一鸣庆幸道：“我们的计划一次都没有改变，这节省了我们很多精力和时间。”

与他们形成鲜明对比的，是同期的一些创业公司，一会儿想去做资讯，一会儿又想去做读书，随着目标不断转移、更改，更多的成本被白白浪费了，这些目标都无疾而终。

目标就像灯塔，有了目标才会有动力与方向。而在追求创业目标的过程中，很多创业者一面行走，一面被路边的“蝴蝶”“野花”所吸引，他们要么在中途停下脚步，要么走上另一条岔路，将先前立誓到达的终点抛之脑后。随着视线频频被扰乱，精力越来越分散，他们不断走上岔路，不断遗弃先前的目标，于是，终有一天他们会迷失在岔道口。

另一些创业者一旦确立了目标，便心无旁骛只顾赶路。正因他们无比地专注，从不会被身旁的“细枝末节”扰乱心绪，才更容易品尝到成功的美妙滋味。

《只有偏执狂才能成功》是石油大亨约翰·洛克菲勒的著作，著名的企业家安迪·格鲁夫也曾撰写过《只有偏执狂才能生存》一书。这两本书传达出同一个核心观点：在人生的旅途中，你可以不断修正方法，但不要轻易改变目标；唯有专注，才能成就未来。

有人说，做事老不成功，问题要么出在你的目标上，要么出在你的方法上。如果确定目标没问题，就不要轻易去改变它，不妨依据现实情况换个方式。生活中，那些优秀的人都习惯于改变方法而不是目标；而那些失败者在屡屡更换目标的同时却固守老一套的方法。

还有一些人追求梦想的过程中，但凡遇到点困难便不停地转移方向，还美其名曰“退而求其次”“曲线救国”。于是，他们做任何事情都浅尝辄止，对任何技能都无法深入掌握。为了减少挫败感，他们大多选择不断降低预期值，最后干脆放弃目标。

成功的秘密在于专注，在于坚定不移地去追求一个目标。拿马云来说，创业至今，“让天下没有难做的生意”是他心中唯一值得征服的目标。互联网行业堪称变化无常、诱惑不断，有些创业者一路奔跑、一路改变方向，可还没等他们跑出多远，就累得筋疲力尽。有的人刚刚在一个目标上投入了三分力气，一见毫无成效，内心立马动摇起来。他们“打一枪换一个地方”，当意志力逐渐被消磨、蹉跎时，最后也只落得个惨淡结局。

马云却始终专注于电子商务领域，纵使成功一时遥遥无望，他也满怀信心。对他而言，宁换方法，不改目标。条条大路通罗马，这条不行就换那一条，办法总比困难多。

阿里巴巴内部曾有过一个决策考虑：要不要转做房地产？高层讨论许久也未得出一个定论。关键时刻，马云突然想起当初的目标——“让天下没有难做的生意”。他想，转做房地产与最初的目标虽然称不上背道而驰，却也是毫无帮助的。他若轻易改变初心，阿里巴巴原本笃定的未来却可能变得飘摇不定起来。于是，阿里还是延续着当初的目标奋战不停。

如果我们的目标总是游移不定，那么与没有目标毫无差别。一个没有目标的人，何以言成功？追逐梦想的道路上，我们会遇到形形色色的诱惑、困难与挫折。可是，想要做成一件事，就必须克服朝三暮四的毛病，培养做事专一的品质。

确定目标之前，一定要经过慎重、仔细的思考，将方方面面都分析透彻，再去做决定。而目标一旦定下了，就不要轻易撒手。千万不要看看这个、想想那个，明明想要成为一名成功的 HR，又半路转变方向去做财务，最后却“竹篮打水一场空”，什么也没做好。

7 坚持锻炼，创业拼到最后拼的都是体力

保持高节奏的工作状态还没几天便累得萎靡不振；注意力始终难以集中，超过几小时便要缓半天；熬夜加班成了一件不可能完成的任务……年龄越大，似乎越容易疲惫。

张一鸣很早就意识到了这个问题。随着年龄增长，他越来越感觉到，创业拼到最后其实都是在拼体力。为了防患于未然，近几年他又“补习了本该在青少年阶段学习的东西”，比如说，如何坚持锻炼身体。这是他始终保持精力充沛的秘诀。

张一鸣是个典型的理工男，他曾将年龄当作 X 轴，将包括身体健康状况等在内的各项参量看作 Y 轴，在纸上画出人生各项指标变化的函数曲线图。

一番折腾后，张一鸣发现，29 岁左右通常是体力下降的拐点。这件事给他留下了深刻的印象，之后，一直不愿运动的他开始强迫自己去锻炼，每周至少游泳一次。

他总是鼓励公司里的年轻人平日生活中多一点运动。当今日头条搬到位于北京知春里附近的中航大厦时，张一鸣将员工们的居住补贴涨到每个月 1500 元。

他说：“我一直认为年轻人工作生活应该住在城市中心，哪怕房子小一点（应该多出去活动啊），在市区有更多的活动和交流，下班之后也

不需要浪费大好时光和宝贵精力挤地铁。年纪轻轻不要着急在郊区，尤其房山、沙河、天通苑之类的远郊定居，买了房我其实也建议搬到市区来。”这一切，都是为了让大家多节省一点时间和精力。

面对外界疑问，张一鸣笑言，对员工补贴的增长和加不加班没关系，节省的时间用于健身读书看电影也很好。而他本人为了保持精力，一直坚持抽出时间去运动。

以前，我们都认为，后天勤奋和先天智商是决定人生高度的两项必要因素。后来才发现，其实体力才最重要。无数的创业者和企业家对国民经济的发展做出了巨大的贡献。但不可否认的是，企业家在为国家、社会及个人创造价值的同时，往往也付出了很大代价。

有人说，一个企业的发展史其实是一群创业伙伴的血泪史。任何微小的成绩都来之不易，正因如此，创业者恨不得压榨自己所有的时间、心血及精力去谋求企业的长远发展，积蓄更多能量以便从容应对社会竞争。当创业者整天忙于工作的时候，身体和大脑一直处于超负荷运转中。多不胜数的应酬及过量地抽烟喝酒令他们的身体健康岌岌可危。

表面上看，创业者牺牲体力、健康是为了换回高效。可是以透支健康为代价无疑得不偿失。而且，体力跟不上，效率便变成了一纸空谈，当初的豪言壮志也成了妄想。

我们常常挂在嘴边的“精力”，直白来说就是体力在工作环境中的某种映射。在精力旺盛的年轻时代，我们很难体会到一直保持元气满满的状态有多不容易。可随着年纪一大，便越来越有苦难言。这其实与意志力无关，一切都是由体力决定的。

那些身处高位的创业偶像、成功企业家们早已看透了这个道理，而他们保持精力、提升效率的秘诀是不间断地锻炼身体。运动可有效缓解工作压力，令身体处于放松状态。

2018 年，马云给自己定下了三个小目标，第一个目标就是保持一定的运动量。其实他从大学时代起就开始练太极拳，一直坚持到现在。他还曾在公司内部推行太极，希望员工们都能坚持运动。支付宝还推出运动红包，鼓励国人坚持每天锻炼身体。

著名企业家柳传志20世纪90年代初生了一场病，休养期间，医生反复叮嘱他："要注意锻炼身体了！"此后，没两三个月时间，医生便要求柳传志暂时停下工作去休息。而休息的主要目的是锻炼。从那以后，锻炼变成了柳传志生活中的一部分。

如今，柳传志最基本的运动方式是外出散步，或者在跑步机上慢跑。这已经变成每天的功课之一，从不间断。偶尔他会去游游泳、打打高尔夫。而且，柳传志还会督促家人及员工保持运动。他经常和老伴一起携手走出户外，散散步，打打球，呼吸呼吸新鲜空气。

创业者为了促进自我身心的双重健康，可采取以下三种运动方式。

首先是与脑力无关的"准冥想"健身运动。准冥想指的是将所有心思聚集于同一个问题，或让思绪游走不停。这类运动包括跑步、游泳或骑单车等。社交企业家 Masami Sato 将这些运动称作"铭记和无知"运动。

其次是竞技类体育活动，比如打羽毛球、网球、篮球或者打一场5人制的足球赛等。运动过程中，创业者不用受到手机微信、语音的困扰，集中精力只想得分。所以这类运动又被称为"不分神运动"。

最后是能让人恢复掌控力的运动，包括各种健美操、形体操，或者利用运动器材进行的运动，比如哑铃等举重器械，单杠、双杠、绳、杆等无氧训练器材等。进行此类健美运动的过程中，不断设置健身目标。时间久了，便能达到"操控"身体的效果。这无形中增强了创业者的个人魅力和自信心。

创业是场马拉松，最痛苦的莫过于创业者一腔激情，却因体力跟不上而无法提高效率，无法拼尽全力。不要让体力成为你创业道路上的短板，从此刻开始锻炼吧！

8 足够的睡眠，是高效工作之源

字节跳动的一位高管回忆说，虽然张一鸣老是将“睡觉是一件特别无聊的事”这句话挂在嘴边，可又多次在不同场合强调睡眠很重要。为了保持充沛的精力，张一鸣每天都会睡足 7 个小时，只要闹钟响了便一弹而起，恨不得下一秒就投入紧张而又忙碌的工作中去。随着年龄增大，张一鸣深切体会到一个道理：创业者最重要的是管理精力而不是时间。

其实，张一鸣年轻的时候曾长时间熬夜加班。任职于酷讯公司的时候，他每天下班回去都要继续奋战到凌晨一两点，每天睡眠时间不过三四个小时。这对于他的成长来说，助力颇大。

可随着年龄增长，张一鸣对于睡眠却越来越重视。他在实践中发现，想要始终保持精力充沛的状态，前一天晚上必须彻底放下工作，让大脑通过睡眠得到充分的放松。

引用生物学相关观点，人和动物都有着固定的昼夜节律，也就是俗称的“生物钟”。如果生物钟处于紊乱的状态，人体的糖代谢包括激素分泌都会出现紊乱，对我们的身体伤害极大。想要预防生物钟紊乱，就得做到早睡早起。这其实不是一件容易的事。

2015 年中国医师学会的调查显示，很多人会在午夜 12 点后入睡。一般互联网、媒体、医疗等领域的从业者入睡时间晚，睡眠质量差。2016 年年初，有专业机构对 BAT 等互联网公司的员工进行一番深入的睡眠质量调查，最后发现，八成以上的互联网从业人员超过 23 点才上床，经常面临入睡困难等问题；2/3 的员工经常加班，甚至通宵不眠。

除了必要的加班外，根据统计，国人晚睡的最大原因在于娱乐社交。其中，70 后睡前喜欢浏览新闻或者玩游戏；80 后沉湎于网上购物及网络聊天中；90 后喜欢看视频、听音乐、玩游戏。在张一鸣看来，将宝贵的睡眠时间白白浪费在游戏等毫无意义的事情上，属于一种“玩物丧志”，人的精神只会越熬越差，意志力也因此变得脆弱起来。

哪怕熬夜加班，很多时候也并不是一件好事。很多员工正因白天不能好好利用时间，才不得不侵占夜晚的睡眠时间去完成工作。这样不但不能提高效率，还会引发诸多问题。

在《深度工作》这本书里，作者卡尔·纽波特为了佐证熬夜无助于提升工作效率，特意提出一个“注意力复原”理论。意思是说，人的注意力资源是有限度的，用光后，再想长时间保持专注就非常困难了。这与“开车疲劳”原理相同。

漫长的一天下来，我们差不多已经将所有注意力消耗殆尽，如果晚上再熬夜工作的话，大脑里可分配的注意力就会少之又少。这样的话，即使你意志力再怎么坚定，如果无法保证专注度，也就不能保证高效工作。这时候，强撑着困意趴在电脑面前，无异于浪费时间。

睡眠其实是大脑清理垃圾的过程。这些“垃圾”得不到清理，一定会影响大脑的运行效率，久而久之，记忆力、注意力的下降便成了见怪不怪的事情。睡眠不足更会降低人的信息判断及整合能力。一旦人体属于缺乏睡眠的状态，大脑的感知力就会变得迟钝，意识不到风险，也看不清未来的方向。这很容易造成决断失误。

很多企业家都是早睡早起的典范。硅谷“钢铁侠”埃隆·马斯克每周工作时间超过 100 小时。分摊下来，他每天工作超过 14 个小时。尽管马斯克工作繁忙，他却从不愿意去挤压自己的睡眠时间。一次访谈中，马斯克说，他一般会在凌晨 1 点左右入睡，早上 7 点左右起床，保证每天都能睡足 6 到 6.5 小时，这样白天才能全神贯注工作。

李开复曾公开分享过他对睡眠的看法：“企业家生活里最大的问题是睡眠不够，想证明自己工作多努力、多拼命，让员工能够被感染。这种拼比很幼稚，而且无效。”

年轻时，李开复很不注重睡眠。尤其是上大学的时候，每逢考试前期，李开复一定会猛灌咖啡，通宵复习备考。他曾经连续两晚没有睡觉。进入职场后，他几乎每晚都会熬到两三点才睡觉。他还经常和朋友们比拼谁睡得更晚。升任高管职位后，李开复变本加厉地熬夜……

多年后，李开复后悔道，正是年轻时拼命熬夜才会让身体素质变得越来越差。如今的他，尽量保证每天都睡足7小时，而且每次做重大决策前，他都会先好好地睡上一觉。

网景公司联合创始人马克·安德森说：“睡眠不足7个小时后就工作，身体机能会开始下降；6个小时就不达标了；4个小时则意味着我将无精打采。”

身为创业者，难免会熬夜奋战。但创业不是拼命，再忙也要保证足够的睡眠，因为精力充沛是创业之源。

9 创业不顺利，学会及时止损

张一鸣有句名言："创业不顺利，'早死早升天'。"每当看到一些小的创业团队苦苦挣扎于困境，明明看不见未来却始终不愿意放弃的时候，张一鸣心里不由得发出阵阵叹息。依据他自己的经验，创业若真的遇到了难以突破的瓶颈，与其赖着不走，不如早点解散。

他说："如果你的决定对可见的最大系统，比如社会，是有增益的，你就应该做出更好的选择。也许你可以创造更大的价值，到时候还可以将利益重新分配。"

张一鸣举了个例子，当初他离开九九房创建字节跳动，九九房当时的投资人只得放弃这个项目，转而投资了字节跳动。如今那些投资人得到的却是当初无法想象的收益。

经济学里有个专业术语，叫作"沉没成本"，指的是因过去的决策已经发生了的，不会由现在或将来的任何决策改变的成本。比如说我们投入在某项工作上的时间，投入到某个项目中的资金。经济学者薛兆丰说："沉没成本不是成本，因为它无法带给你收益。"

网上流传着这样一句话："看一个人未来有没有出息，就看他懂不懂得及时止损。"创业路上，更是如此。这其实与坚持、坚韧等概念说的是两码事。坚持指的是向着明确的方向永不松懈地奔跑下去，无论遭遇顺境、逆境，始终怀揣希望。而及时止损，指的是当你发现如今所做的一切努力都无法影响到最终惨败的结局时，只有及时抽身而出才能迎来明天。

若我们明知方向有错误或努力收不回成本，仍旧不管不顾地一头栽下去，这不叫坚持，这叫自寻死路。聪明的人会果断放弃过往那些无效的投入，只因它往往会成为我们前进路上的最大障碍。如果我们不舍得及时止损，反而盲目投入更多时间、精力或金钱成本，只怕会落得一个“赔了夫人又折兵”的结局。不如转身寻找新的机遇，新的发展天地。

2018 年，极路由创始人王楚云发表了一封公开信，信中称合作伙伴 i 财富因“非法吸收公众存款罪”被立案，这对自家公司的发展产生了极大的负面影响。

这封公开信引起很多网友的评论，陌陌创始人兼 CEO 唐岩也针对此事连发数条朋友圈，他说：“企业出现问题，不要乱抓救命稻草，今天 VR，明天智能，后天 P2P，大后天空气币。就算有人割到了韭菜，也不要学他们。君子爱财，取之有道。”

唐岩还感慨道：“如果创业遇到了很大的困难，是及时止损，还是头撞南墙不回头，是对一个心智成熟的成年人重大的考验。有时，这需要摈弃一些激情，多一些理性。

美团创始人蔡文胜也在一次采访中坦言道，人生最重要的事情其实是及时止损，在关键时刻果断退出也是一种成功。当你所做的事情已经不再充满激情，或者事情到了无可挽回的地步，就到了寻求改变的时候，“就像女朋友一样，你不再爱她了，就没有意义了”。

2003 年，蔡文胜仿照当时最热门的网站 Hao123 创建了 265.com，后者上线仅一周，流量就达到了每天十几万。一年后，265.com 的日流量飙升至 400 万。凭借漂亮的数据，蔡文胜成为第一个获得 VC 巨额投资的草根站长。拿到投资后，蔡文胜将公司总部搬到北京。那时候，他雄心壮志地发誓要将 265.com 经营成行业第一，超过 Hao123。

谁知无论他怎么努力，都无法让 265.com 战胜 Hao123。坚持了好几年后，蔡文胜的热情渐渐丧失，最后他干脆将 265.com 卖给了 Google。

多年后，提起这件事，蔡文胜说：“我把 265 导航卖给谷歌，只卖了 2000 万美元。很多人说很遗憾，但我其实很开心。没有那个阶段性的成功，我不可能去做其他事情。”

有句话说得好：“面对壮士断腕，你却选择了力挽狂澜。”行走在创业路途中，我们很容易产生一种赌徒心理：输得越惨，越想着回本，于是迟迟不愿意离开牌桌，可谁料竟因此失去更多。沉溺在“沉没成本”里无法自拔，只怕会撞得头破血流。

我们所拥有的资源是有限的，迟早有被用完的那一天。我们将有限的资源投入到那些无法延续激情或者根本没有转圜余地的事情中，迟迟不愿意回头，事业只会每况愈下。

想要拥有一个全新未来，就看你懂不懂得及时止损。正如玛利亚·罗宾森所言：“没有人可以回到过去重新开始，但每个人都可以从现在开始创造全新的未来。”当年雷军果断放弃了卓越网，才有了后来金山上市的荣，才创下了如今小米不可撼动的江湖地位；蔡文胜选择在无望的战争中及时抽身而出，才等来了市值高达 350 亿港元的美图秀秀。

有首歌这样唱道：“纠缠与固执等待，反而是另一种伤害。彼此紧握的手松开，去拥抱更多未来。错过的时间怎么买？谁都付不出来。或许我们学会释怀，让过去安静下来。”

过度纠结以往的无效付出，无异于是在为难自己。不如果断放弃那些舍本逐末的选择，朝着心中的梦想不断奋进。

第 六 章

选 人

找最合适的人

张一鸣一直秉持“找最合适的人”的招聘原则。在他看来，履历什么的都无所谓，合适的才是最好的。在他眼里，优秀的人才都有“抢着活干”的共同特质，他鼓励年轻人要用发展的眼光进行职业规划，目标要远大。他更看重发展型人才，觉得精英人才必定缺少不了务实精神。为了选聘到真正的人才，张一鸣付出的耐心和诚意，很多 HR 都自叹不如。

1 “看了 HR 写的招聘 JD，我很生气”

在张一鸣看来，作为公司 CEO，在制定员工聘用标准时一定要做到心里有数。不要将一份漂亮的履历作为唯一的衡量标准，多想想什么样的员工才是最合适的。

有一天，张一鸣看到公司 HR 撰写的招聘项目经理的几条要求，顿时很生气。最让他介意的是，其中一条写着：“五年以上互联网产品经验，具有日活千万量级以上的产品规划和产品迭代实施经验。”张一鸣读着读着，眉头越皱越紧。

他对 HR 说：“按照这个要求，陈林、张楠，我们公司一大批 PM，一个都进不来，连我自己都进不来。别说千万 DAU 产品了，他们加入前，连百万，甚至十万 DAU 的产品也没做过。”

张一鸣招聘人才时，一直秉持这样一个原则：找最合适的人。用他话说便是：“也许有人倾向于招背景光鲜的男神女神，但咱们更爱朴素的‘小鲜肉’。”

他更关注人的“基本面”，对于应聘者的毕业学校、相关经历、title 等却不那么重视。所以很多背景一般的员工都顺利加入张一鸣的公司，甚至很多写不好代码的工程师转岗做产品经理。在张一鸣看来，履历什么的都无所谓，合适的才是最好的。

张一鸣将 HR 训了一顿：“写这样的 JD 很容易，本质上是偷懒，要发现人的特质才是困难的。”负责招聘的那位 HR 听了也是心服口服，自此以后对本职工作更为上心。

有句俗语叫：“鞋子好不好，只有脚知道。”鞋子价格贵不贵、漂不漂亮其实没有那么重要，重要的是，它合不合脚。尺码合适了，才能伴你走万里路。挑选人才也是同样的道理。人才到了合适的舞台上才能发光发热；企业有了合适的人才，才能走向光明的未来。

然而，现实生活中很多公司在招纳人才的时候，往往“唯学历论”“唯经验论”，一味倾向于那些背景光鲜的男神女神。这其实并不利于企业的发展。

招聘的时候若只以表面上的“优秀”“漂亮”作为衡量标准，或许也能招到一批履历打眼、背景光鲜的新人，最后却无奈地发现他们的性格与企业文化背道相驰，能力与岗位也并不匹配，这无疑是在浪费 HR 的时间和精力。只有将合适的人放在合适的岗位上，才能起到预期中的效果。关于这一点，马云和张一鸣有着同样的看法。

2011 年，马云在做客某档节目时吐露心声：“2001 年的时候，我犯了一个错误。”

事情得从头说起，那一年马云突然意识到他需要背景更深厚的人才来帮助阿里巴巴崛起。他在某次演讲上忧心忡忡地对阿里“十八罗汉”说：“你们只能做个连长、排长，团级以上干部得另请高明。”“十八罗汉”心里打起了鼓，这批人当年能够放弃北京高薪，跟着马云回杭州创业，唯一原因在于他们相信马云。因为这份信任，他们没有任何怨言。

2006 年前后，马云从外部引入一大批职业经理人。这些人包括曾经的百事可乐中国区 CFO（首席财务官）吴伟伦、百安居中国区 CEO 卫哲等，都是名声响亮的国际级人物。

结果 10 年后，马云却沮丧地承认，当初的这个决策很失败。那些空降人才一早走得干干净净，陪在他身边的还是当初的“十八罗汉”，而且他们的能力越来越强，如今个个身居要职。

事后，马云分析说，这些来自世界 500 强的高尖端人才虽然优秀，却并不适合阿里巴巴。双方之间最大的矛盾在于，他们的处事风格、个人性格与阿里巴巴的企业文化相悖。

经历了这件事后，马云多次告诫后辈创业者，不要只看重人才的背景与履历，如果他们的能力、性格、爱好能与企业文化相契乃至“无缝对接”，就是最适合的人才。

那么，如何定义最合适的人？最重要的一条莫过于：撇开履历、背景等因素，保证能力与职位相匹配。如果招用的员工能力远远低于岗位要求，便无法保证按时按量地完成岗位基本职责，除了会拖团队的后腿外，还会影响整个企业的绩效。而且，对个人而言，长期从事能力范围外的工作，只会严重打击员工的自尊心、自信心。

但是，若员工能力高于岗位要求，也会让员工产生英雄无用武之地的挫败感，他们的工作积极性会大大下降，轻易产生跳槽的想法。而对企业而言，招用太多这类员工无异于浪费人力资源，也不利于企业的长久稳定发展。

保证员工能力与职位相匹配，便能让员工尽可能地发挥个人所长，给员工带来工作成就感，降低企业员工的离职率。这对于企业的凝聚力有着莫大的好处。

除此之外，创业者还要保证人才与企业文化相匹配，最好与企业有着相同的目标和价值观，并适应其管理方式。毕竟，企业间的价值观、发展目标各有差异，需要的人才也各不相同。哪怕毕业于 MBA，有世界五百强的工作经历，也不一定能适应任何一家企业的工作氛围。

招聘人才的时候，不能光看他们的背景与履历，多多思考对方合不合适。只因合适的员工才容易做到敬岗爱业，他们往往与公司有着共同的愿景，一般能与公司共进退。

2 抢着活干，优秀人才的共同特质

在张一鸣眼里，优秀的人才大都拥有一个特质：抢着活干，而非斤斤计较于自己的付出。他不光是愿意与这样的人共事，包括他自己，也属于这样的人。

很多人都问过张一鸣这样一个问题："为什么进步这么快？"

张一鸣说，那是因为他身上有两个优点，其中一个是"抢着活干"。对张一鸣而言，优秀人才不会只将自己的角色定位成"执行者"，只做上司告诉他们要做的事，而是积极地做"需要做的事"。刚入职场的头两年，张一鸣每天都会忙到午夜 12 点或凌晨 1 点才下班。拖着疲累的身体回到住处后，他稍作休息，又一头扎入编程的海洋中。每次汇报工作的时候，上司都对张一鸣执着、认真的态度赞赏不已。哪怕已经完成了分内的工作，他也不介意承担更多的工作量。除此之外，张一鸣还会努力精进编程技巧，不断在实践中锻炼自己的能力。

张一鸣回忆说，他做这些，全是出于兴趣、自动自发，"我每天工作的时间都是别人的两倍甚至更多，两年的工作经验相当于别人四年以上的工作经验，所以我成长得很快"。

难能可贵的是，脱离职场小白的阶段后，他对新来的大学生总是十分照顾，对其他同事也是关爱有加。每次完成了自己的工作任务，他总不愿意闲在那里，而是主动帮助别的同事分担工作量。只因他认为帮助别人的同时自己也会学到很多新鲜的知识、技能。

有时候，他会耐心地同新人们讲解自己的经验，引导他们走入技术的大门。而当他不断输出的时候，同时也是对自己的一种锻炼和成长。所以，那些年他“很快从负责一个模块，到负责整个后端系统，一开始带一个小组，后来带一个小部门，再后来带一个大部门”。

似乎每家公司都存在着这样一批“老油条”，他们经常闲在工位上无事可干。上司走过去问他原因，他却理所当然道：“我已经做完自己的工作了啊。”在他们看来，能做完老板安排的事情已经很不错了。事实上，这样的人很难在激烈的竞争中“冒出头来”。

世界著名的钢铁大王卡内基曾说过这样一句话：“在这个世界上，有两种人注定一生会一事无成。一种人是只做别人要求做的事而不会主动做事的人；另一种人则是即使别人要求他做，他也做不好事情的人。”没有积极主动的精神，再有天赋的人也无法登上成功之梯的最高阶。不要根据别人的要求去制定标准，最严格的标准应该由你自己制定。

那些对于自己的期待高于老板期待的人，根本不用担心有一天会被淘汰。将“完成分内工作”作为“职场最高行事标准”的人，则很难得到老板的器重。

张一鸣之所以能在毕业两年之内成功升任管理者的职位，并轻松击败同期其他竞争者，全在于他“抢着活干”，却从不在意那是不是自己分内的工作。要知道，当时他的竞争对手中不乏清华、北大、斯坦福等学校的计算机系硕士与博士，可他还是顺利坐上了技术委员会主席的位置。他做什么事情都比别人用心、到位，这才是他成功的秘诀。

周鸿祎当年大学毕业后创业受挫，这让他明白自己欠缺的东西还有很多。于是，他决定先进入当时赫赫有名的企业方正集团，要从头开始打基础。他抱着学习的心态进入方正，每日早出晚归，干起活来风风火火、劲头十足，从不在意自己付出的是不是比别人多。

那时候公司普通程序员电脑配置 2M 内存，周鸿祎平时抢着干活，2M 内存根本不够用，于是他花了 6000 元“巨款”买了一台珍贵的电脑，不辞辛苦扛着去上班。

后来，他还主动承担起为政府人员培训邮件软件用法的工作，这其实是老员工都不愿意干的“边角料”工作。技术人员往往需要费尽口舌，才能给小白用户解释清楚那些很简单的问题。

别人都不愿意做，周鸿祎却甘之如饴。若当初他稍微表现出一点抗拒的态度，这项工作根本落不到他的头上。而正是那段经历启发了他的“用户思维”，这对他日后的创业裨益良多。

若只在意短期规划及一时的满足感，那么做完分内工作即可。可若不满足于短期成长，就不能坐等指令，而要抢着去干活，同时运用个人的判断与努力，将需要处理的任务逐一执行到位。你对于“这不是我的工作”不该斤斤计较，反而要习惯主动出击。

张一鸣说，他工作向来是因为兴趣，而不是公司要求。年轻人也应当学习这样的精神，千万不要认为做到不迟到、不早退便是尽职尽责，便足以心安理得。

想要赢取一份光明前途，少不了一种自动自发的精神。只因对任何一家公司而言，他们需要的绝不是那种缺乏热情与责任感、唯一的优点是循规蹈矩的员工。

当然，“抢着活干”也要注意分寸，千万不要随意侵犯别人的工作职权范围。稳妥的办法是，做什么工作都比别人多做一步、多花一点时间。比如，先将杂乱的资料和数据整理好，再发给上司或同事；先将手头的发票按日期理顺，再转交给财务人员。

从这些小事入手，事事都比别人多做一步、多想一步，你脱颖而出的概率也会变得大一些。而且方便别人就是方便自己，工作不可能分布得那么均衡，总有做不完的活。像张一鸣一样，做完自己的工作后帮助同事分担工作量，对自己也是一种锻炼与成长。而自动自发的背后，需要我们付出更多汗水、更多热情、更多耐心。

3 着眼未来的年轻人更有前途

在张一鸣看来，初入职场，注重未来发展而非短期薪酬的年轻人更有韧性，是难得的人才。他解释说："其实，刚毕业时薪酬差三五千块，真的可以忽略不计。"张一鸣曾说起这样一件事，2006 年，他受母校南开大学邀请，回校参加一场活动。现场很多学弟学妹踊跃发言，抢着向他请教职业规划方面的问题。

他思考片刻，侃侃而谈道，年轻人在选择未来的职业道路时，一定要用发展的眼光去看待，更多地关注事物的未来走向，最好将目光聚焦于长期利益上。如果只关注短期收益，做任何选择都被短期利益所左右，很可能耽误个人的发展空间，同时浪费大量宝贵时间。

张一鸣建议学弟学妹们在开启职场道路时不要过于在意薪资待遇，如果同时接到 IBM、微软等外企的 offer 和百度等国内新兴互联网创业公司的 offer，不要犹豫，选择后者。只因百度等国内企业正处于高速扩张阶段，对于毕业生来说，是一个绝佳的成长机会。

尽管张一鸣苦口婆心地劝说，很多人出于短期考虑，还是去了名气大、薪酬高一点的外企。谈起这件事，张一鸣摇摇头："短期薪酬差别并不重要，但实际上，能摆脱这个、能有判断力的人，也不是特别多。"而在其他人看来，张一鸣当初的选择很不"务实"。

大学毕业后，张一鸣曾任职于微软公司。虽然待遇不错，但他却越来越迷茫。只因他每天都在重复做着一些离用户很远的基础开发的工作，无法取得实际性的成长与突破。

而且像微软这样的大公司似乎已经缺失了清晰强烈的奋斗目标。看清了这一点，他毅然选择了离开。后来，张一鸣加入旅游搜索网站酷讯，成为一名普通程序员。

他选择酷讯时，完全没有考虑到薪资待遇的问题。当时酷讯虽然只是一家小公司，但它在垂直搜索技术方面很厉害，国内鲜有敌手。正是在酷讯，他学会了搜索引擎的后端技术。

对于初出茅庐的年轻人来说，如果在找工作、跳槽的时候一味追求“更高的薪资”，必然会错失很多好机会。当然，薪水很重要，它体现的是公司对于人才的尊重。很多业内标杆式的企业都会给予优秀员工非常有竞争力的薪酬待遇。求职者对薪酬有所要求无可厚非。

但我们在考虑薪水的同时，更要注重个人发展空间，包括职业兴趣及能力发挥。这份工作你是否热爱？它是不是你擅长的？它是否前景广阔，可当作长期事业来经营？

如果你还是无法做出选择，不妨运用张一鸣总结的办法：“当自己无法选择和判断的时候，就要离远一步，远到用更重要的原则和更长时间的尺度来衡量就清楚了。”

很多优秀企业家都和张一鸣一样，在选择工作时更多考虑个人发展的空间，比如雷军。当年，年轻的雷军从武汉大学毕业后，被分配到北京一家研究所。研究所工资很高，生活也很稳定，同事们都很满足，但雷军却一直很不“安分”。

那时候，他没事就去中关村溜达，找机会结交一些 IT 牛人。后来，在一次计算机展览会上，雷军与金山创始人求伯君一见如故。求伯君热情邀请雷军加盟金山。一想到要放弃高薪稳定的研究员的工作，雷军犹豫了起来。思前想后，他还是答应了这个邀请。

后来，雷军不顾亲人反对，辞去工作，并入职金山当了一名普通的程序员。虽然收入大大缩水，他内心却坚定又满足。后来，他果然在金山做出了一番成就。

只在乎钱给得多不多，表面上看起来自己“不吃亏”，很多时候其实是在冒险。比如，前几年很多刚毕业的大学生为了多赚钱，受了HR的忽悠，去了P2P贷款公司任职。那些公司虽然承诺高薪，却很容易“爆雷”。一旦公司出事，连自己也搭进去了。

而且，高工资并不意味着钱一定多。一般来说，职业发展初期，大部分行业的“工资差”差不过一倍。起点低一点的，可能每月收获3—4K；起点高一点的，一个月能挣6—8K。一年下来差几万块钱。可能一开始你很在乎这笔钱，慢慢地你会觉得这真的不算什么。

到了职业发展中期，一切截然不同了。有的行业新人积累久了技能，一旦升岗，收入立马激增。有的行业却很容易遭遇“职业天花板”，而很难升岗，意味着很难加薪。

所以很多创业大佬都在劝说年轻人：“要关注发展，而不只关注钱多不多。”在做职业规划时，如果你相信这家公司潜力无穷，不妨暂时将其他因素抛到脑后，选择先“上车”，并坚持下去。这样当公司的发展有了突破时，你的身价也将随之水涨船高。

而有魄力、有眼光的人在看到非常好的机会时，甚至会主动“降薪”。比如蔡崇信就曾放弃自己70万美元年薪的高大上的外资公司的工作，选择了去阿里巴巴和马云一起打拼。

而加入阿里后，蔡崇信一个月只能挣500元人民币。尽管如此，蔡崇信内心却很满足。只因他深知，此时他选择“下蹲”，其实是为了之后一鸣惊人的起跳做准备。

“风物长宜放眼量”，做职业规划时更是如此，不必为了那三五千块钱去选择一个自己不喜欢的、毫无发展前途的职业。我们要关注的是未来的发展，而不是眼前的利益。

4 更青睐目标远大的年轻人

张一鸣招人时更看重那些目标远大的年轻人。在他看来，年轻人就该趁着还没被生活压弯腰，永远迎接挑战。如果年轻人所有的奋斗都只为在北京买套房，无疑是在拥抱平庸。

张一鸣曾见过很多优秀的同龄人，比如曾经的大学同学、曾一起共事的同事等，这些人资质、潜力都很不错，然而10年过去了，他们都在过着平庸的生活。

为什么？张一鸣分析说，因为这些人毕业后将目标设定得很低。有的人为了早一点解决北京户口，去了银行IT部门。有的人则入职一些有分房补助的机构，方便购买经济适用房。他们为了一套房子拼尽全力，随着岁月蹉跎，再无能力实现曾殷切期望的人生高度。

张一鸣很为他们痛心，他说："是否有北京户口？是否能买一套经济适用房？如果你不甘平庸，有更高的目标，其实你就不会为这些东西担心。"

在他看来，如果年轻人在一开始就将人生目标定为北京市五环内买一个小两居、小三居，然后将所有的时间和精力花在这上面，对之后的职业发展而言未必是一件好事。因为这样一来，我们做任何选择都会以稳妥为主，不愿意承担风险。

张一鸣以前有个朋友会在业余时间做一些兼职，以获得额外收入。

其实这些兼职没有什么技术含量，既影响他的精神状态，也不利于他的职业发展。

张一鸣见朋友每天熬到很晚，白天上班时总是一副无精打采的样子，忍不住问他为什么要把自己搞得这么累？朋友说："唉，快点赚钱付个首付。"听到这个回答，张一鸣深深叹息。在他看来，朋友表面上赚了，其实是亏的。

曾在网上看到这样一段话："若要成功，就要把目标定得高一点儿，即使是上天摘月亮也不为过。如果凡事都能分清轻重缓急，只着力于最重要的事，那么摘月便指日可待。追求卓越的方法就是在你的人生中制造出多米诺效应。"

将人生目标定为一套房，或者一笔首付款，就此活得人云亦云、随波逐流的人是可悲的。千万不要在最年轻的时候被"安稳"二字锁死。而所有曾创下不凡功绩的人，尽管最开始他们往往一无所有，但他们还是勇敢地将目标锁定为"星辰与大海"。

只因伟大的人生都由伟大的目标所铸就。正如戴高乐所言："眼睛所到之处，是成功到达的地方，唯有伟大的人才能成就伟大的事，他们之所以伟大，是因为决心要做出伟大的事。"

既然不甘平庸，既然不愿将自己的身体与思想禁锢在一方小小天地里，就该大胆为自己设置更高一点的目标，为自己的未来增添多一份的可能。

和张一鸣一样，马云也不赞同年轻人将房子定为自己的奋斗目标。他主张年轻人要懂得延迟满足，"不要被当下的物质冲昏了头脑，不要被买房的暴利所诱惑"。他更希望现代的年轻人不要耽于安稳，而要永远保持积极进取的思想，这样才能不被社会淘汰。

华为创始人任正非也曾在一封内部邮件中告诫年轻人："年轻人挣了钱要投入，投入不是买房，首先是要学习充电。特别是在小国，综合锻炼机会很多，努力学习，把眼界扩大了、境界扩大了、技能提升了，那你才会有上升机会。"

曾经的我们，也有着一番雄心壮志。渐渐地，这个想法改变了。于是每每站在人生的岔路口，都会这样安慰自己："别折腾了，有房万事足，存钱买房才是最要紧的""我的胃口没有那么大，只要平平安安度过这一生就好，只求安稳"……

可是，那些成天站在小沟小河旁边、眼睛只盯着小鱼小虾的人，根本捞不住人生的大鱼。想要活得大放光彩，必须树立远大的理想和抱负，不受房子等现实因素的牵绊。

如张一鸣所言，拒绝平庸，会让我们有更高的目标、定更高的标准。也许前几年，生活会很艰难，但只要耐得住清贫与寂寞，10 年后再看，一切都是值得的。

想要成为精英人才，必须要在困顿中明确自己的定位，拔高自己的生活目标。改变我们对人生的看法和对生活的态度，并让我们变得更有行动力，变得更加勇敢。人生也将因此而不同。

捷克·凯鲁亚克曾说："趁着年轻生猛，我要再和生活死磕几年。要么我就毁灭，要么我就铸就辉煌。如果有一天你发现我在平庸面前低了头，那么请你向我开炮。"若不甘平庸，就该有更高的目标。哪怕中途被现实击倒，也要勇敢喊出："再来一拳！"

5 不拿 title 吸引人，更看重成长型人才

张一鸣曾调侃道，很多公司内部设置的 title（职位、头衔），现在通货膨胀得比卢布还厉害。在他看来，很多人在意 title，无非是看重它能立时给予你一些荣耀与金钱。可对于真正优秀的人来说，成长意味着忽视眼前收益，与志同道合者一起去做有挑战的事。

2015 年，今日头条虽然成为国内移动互联网领域成长最快的公司，却一度在招人等问题上频频碰壁。张一鸣忍不住在微博上抱怨道："最近有点郁闷，又有候选人把我拒绝了。"

他解释说，被拒绝并不让人郁闷，但那些人才给出的选择其他公司的理由却让他很郁闷。比如，有人说："（另一家公司）给高级总监 title，我可以管 100 多个人的团队。"还有人说："O2O 比较火，离钱比较近，感觉是比较好的生意。"有人直言不讳："如果能做到你们 1/3 的规模，就可能被收购，我现在加入，回报也不错。"有人声称："你们发展这么大，估值都这么高了，期权成长空间肯定下了，职位也都占满了。"

人才们给出的理由虽然五花八门，但却存有一个共同点：只要入职，立马就可以收获回报。张一鸣对此很是不理解。面试过程中，每逢听到应聘者提出"加入后我管多少人的团队，用什么 title"之类的问题，他便不自觉地头疼起来，深感郁闷。

张一鸣说自己特别想反问对方“Whats App 有多大的团队？Instagram 有多大的团队？”或者“你去某公司管理 100 多人，做没有什么挑战的事感觉很好吗？最好的团队难道不是用非常顶尖精干的人，做常人做不到的事情吗？”

张一鸣还说自己一度想学习 Facebook 的做法，“在公司内实施，你想用什么 title 就用什么 title，包括 CEO++ 也可以。”公司的 HR 也经常向张一鸣建议，能否在 title 上松一点。

张一鸣差点同意了 HR 的提议，到后来想想，招聘时不放松 title，虽然增大了被拒绝的频率，但反向思考，这也能帮助公司找到那些更喜欢挑战、更关注个人成长的人才。

他说：“那些希望管很多人而不是做一流事，喜欢通货膨胀 title 的人组成的公司，人才密度一定不可能高。因为本质上，这样的人在乎的不是共事人的优秀程度，也不愿意 open（开放，接纳）和其他优秀的人展开合作，更喜欢当‘包工头’。”

不计较 title 的人，意味着他们必须看淡眼前伸手便能够着的好处，选择从零开始，先接受问题，逐步解决问题，再去享受更大的快乐与荣耀。这时候，title 便成了一个毫无意义的名称，它背后代表的一切好处远远没有个人的成长来得重要。

绝大多数职场人都对 title 十分看重。在他们看来，无论是面见客户，还是跳槽到新公司，曾经的头衔都是自己握在手中的筹码。可按照张一鸣的理解，求职时对方允诺你一个诱人的 title，表面上看你获得了一些利益，可这并不是一把万能钥匙。

在当前的社会中，职场 title 真的具有足够的含金量吗？毕竟如今类似“高级”“资深”这样的头衔“前缀”并不罕见，几乎遍地都是。

更何况，你的合作伙伴不一定有你想象的那么在意你的 title。尤其对那些技术型人才来说，title 并不一定能划分出具体的层次。

比如，一位网友曾去一家公司应聘“高级网络工程师”一职。然而，入职后他才发现，“网络工程师”与“高级网络工程师”并无太大区别。

身为“高级网络工程师”的他，并不一定有“网络工程师”吃香。可见，无论是对上司还是对客户来说，他们会将更多的注意力转移到我们的专业技能上来，而不是我们拥有怎样的 title。

这位网友说，他曾为了所谓的“高级网络工程师”的头衔，推掉了另外一家极具潜力的创业公司的邀约。一想起这件事，他便懊悔不已。实际上，这位网友的经历并不是孤例，生活中我们经常在做“捡了芝麻丢了西瓜”的事情，原因都在于贪图眼前的名声与利益。

而真正有毅力的人才，却选择先解决眼前的问题，将快乐延后。拿董明珠来说，36 岁时，丈夫永远地离开了她。身边人都劝她趁年轻找个人嫁了，继续做一个家庭主妇，过安稳、舒服的生活。董明珠听了却很反感，她背起行囊孤身一人来到珠海，加入格力公司。

如今叱咤风云的商界“铁娘子”在格力的第一个岗位是最底层的销售人员。对这个可能很多人看不上的工作，董明珠拼尽了全力，当她咬牙挺过那段溢满汗水与泪水的奋斗岁月时，她的人生也实现了逆袭。

实际上，title 升级与职业进阶也无法画上等号。另一位网友说，她制定的最成功的一份简历，是听从了一位资深猎头的建议，着重描述了自己职业生涯中的职责变动情况，包括每一阶段自己所担任的角色、做出的成就，而关于 title 的介绍却一概而过。

正如张一鸣所言，年轻人不必过分在意 title，及表面上的那一点好处。何况，你在意的这点好处未必能兑现。放弃那条表面上看来更容易到达成功彼岸的路径，选择将路线拉长，投入更多的努力做更有挑战的事情，才能享受更大的快乐。

6 务实——选用人才的基本标准

在张一鸣看来，精英人才必定缺少不了务实精神。然而，很多人在描述自己的职场定位时，总抱着一种“打杂”的心态。哪怕跳槽时，面对 HR 的提问，他们也会不好意思地说：“我就做些 PPT、没事写个文案，不是什么重要的工作”“毕竟刚毕业，我在原单位做些琐事比较多”“我一般就跑个腿，或者让干吗就干吗”……

他们认为既然自己扮演的是一个“小螺丝钉”的角色，而且日常工作总是围绕着一些“小事”打转，就证明他们被分配到的工作任务都是无关紧要的，领导也不会把他们放在心上。带着这种心态去工作，很容易在未来遭遇“职场瓶颈”。因为他们始终不认可自己，始终在贬低手头的这份工作。哪怕随着历练，个人能力有了明显的提高，他们也很难得到晋升。

什么是务实？张一鸣解释道，做容易的事不是务实，短期投机不是务实，做好手头的事才是务实。他说：“大力出奇迹是务实，刨根问底是务实，抓住本质是务实，尊重用户是务实，认识世界的多样性是务实。”而三心二意、骑驴找马的人很难理解什么是务实精神。

张一鸣说，公司曾招聘了个应届生，不算特别聪明，学历也不是很优秀，于是 HR 暂时安排他做一些辅助性工作，比如统计一下数据，或者做一下用户反弹之类。有些员工心高气傲，总觉得这类工作是不值得做的，因为成就感很低。可那位同事却很欣然接受了 HR 分配给他的工作任务，无论事情有多小，都会尽心对待、全力以赴。

如此耕耘多年后，那位同事终于实现了职业生涯上的华丽转身，从一个普通小职员晋升为 10 亿美元公司的副总裁。张一鸣时常思索那位同事身上的特质，比如“肯去做，负责任，从不推诿，只要有机会承担的事情都会尽可能地做好”，而这正是这位同事能够实现职场逆袭的原因。可见，秉着诚恳务实的工作态度，无论起点有多低，都能得到很好的发展。

张一鸣也是一个真正务实的人。刚加入酷讯的时候，张一鸣每日兢兢业业，几乎将全部的心力都投入到手头的工作上。作为工程师，他把别人都不屑于研究的基础代码深入揣摩了一遍，这才以最快的速度成长为研发部里最熟悉产品的“技术大拿”。

资深创业者最看不惯一种人：成天将 BAT 挂在嘴边，动不动就要“颠覆这个颠覆那个”；读了几本鸡汤、成功学，顿时觉得自己也变得神气了起来，仿佛眼前的一切都不是他们应得的，他们就该像那些成功人士一样轻轻松松走上人生巅峰。

事实上，如果连一个简简单单的文案都写不好，一个并不复杂的 PPT 都做得乱七八糟，想要将项目跟下去奈何有心无力……这样的人谈何竞争力？

哪怕起点再低，只要拥有务实精神，只要拼尽全力地做好手头上每一件小事，我们就能一步步缩小差距，并慢慢超越周围大多数人，过上比他们更好的生活。

阿里巴巴前 CEO 卫哲的职业生涯从打印文件、端茶倒水开始。1922 年，年轻的卫哲成为国证券的一名实习生。虽然一开始卫哲只需负责一些打印资料、端茶倒水、剪报纸之类的小事，但他无不做得滴水不漏、兢兢业业，让上司大为赞赏。

每次给领导端茶倒水时，卫哲会注意观察很多细节。比如领导有着怎样的喝水频率，爱喝哪一种茶叶，什么时候该加水……久而久之，他对于这其中的分寸拿捏得越来越到位。

每次做打印资料的工作，别的工作人员完成打印工作后会随手将不同的文件堆在一起，一股脑送去领导的办公室，卫哲却不嫌麻烦地对文件进行分类、排序，一沓沓码放在领导办公桌上，打印时也会根据领导的阅读习惯来调整字体和大小，让人看得十分舒服。

做剪报工作时，卫哲会暗中观察哪一类信息领导十分感兴趣，哪一类是领导完全不感兴趣的，按照领导的喜好来进行裁剪。卫哲将这些小事做到了极致，甚至引起了总裁管金生的注意。考察一段时间后，管金生给了他更多的工作机会：写报告和演讲稿。

两年后，卫哲被提拔为资产管理总部副总经理。靠着勤恳、务实的工作作风，他获得了越来越多的赞赏与重用。1997 年，他被派去英国，就此展开了新的挑战之旅。

“万事开头难”。去了英国后，整整半年里，卫哲没能做出一笔生意。为了赶紧熟悉国外的商业环境，卫哲一面潜心钻研业务，一面向同事们讨教经验，给他们帮忙打下手。慢慢地，信任他的客户越来越多了。半年后，他终于拿下了第一笔订单。

从那以后，卫哲的事业顺风顺水、节节高升。后来，他选择加入百安居，依旧能放下身段，从最普通的事情做起。他争取做好手头每一件小事，以此“撬动”大的机遇。没过几年，他便成为百安居中国区总裁。最后，他更得到马云的青睐，成功加入阿里巴巴。

很多人抱怨自己不受上司重用，成天做一些小事。可是专栏作家连岳说过：“你有没有改造世界的蓝图，我不在乎。我更愿意相信从小事得出的观察结果——你有没有耐心读完一本书，能不能控制自己的体重，敢不敢坚持跑步。小事做得好，此人不会太差劲。”

不要总想着一步登天，就算是创业“大牛”也得从最简单的事情做起，以务实的精神一步步铸就属于自己的奇迹。正如张一鸣所言：“热爱工作的人，一定是发自内心地想要去做某件事，会认为自己做的事情非常有意义，因此他们愿意努力工作。”

7 去伪求真，用耐心和诚意获取人才

谈到关键人才招聘，张一鸣给出的建议是：HR 要做好前期考察。一方面企业人才空缺，求贤若渴；另一方面，人才市场良莠不齐，鱼龙混杂。很多“伪人才”们为了包装出一份完美的简历，干脆编造成绩，或者大包大揽将很多不属于自己的能力写进简历中。

一不小心招到这样的人，公司必然要面临很多直接或间接的损失。而这些“伪人才”们担任的职位越高，负责的工作权重越大，公司所面临的损失就越惨重。

为了避免出现这样的情况，张一鸣十分重视人才的前期考察，并将其视为招聘工作中必不可少的一环。作为一名资深极客，张一鸣的行事方式像极了一台计算力极强的电脑 CPU。他习惯性地将自己要做的事情分为三个阶段：收集信息、判断信息、执行。招聘时亦是如此。为了招揽到心仪的人才，张一鸣全程表现得极其耐心、细致、诚意十足。

有人说，张一鸣的招聘故事简直是一出“理工男追爱记”。尤其是在资源匮乏、举步维艰的创业阶段，他会比其他人付出更多时间去做好人才背景调查，并付出更多的诚意去说服候选人。曾有一位资深工程师引起了张一鸣的兴趣。对方曾在微软工作过，为了将这位软件人才“一举拿下”，张一鸣前期大概投入了 30 个小时做信息调查。

为了对这位工程师进行全方面的了解，张一鸣将线上、线下几乎各种途径都尝试了一遍。他先是一个接一个打电话，向所有相关人士打听对方的信息，了解他过往的履历。

之后，张一鸣又盯上了网络社交工具。他加上对方的微博、微信，翻阅关键性信息，从对方在社交媒体上的诸多言论记录中对其有了基本的了解。考察完这些信息后，结合周围人对这位工程师的印象，张一鸣提前在脑海中构建出了一张具体的“画像”。

张一鸣总结说，这一类考察工作至少能起到两个作用。首先，它能降低企业用人风险。其次，如果对方确实是货真价实的人才，做好前期考察，之后的沟通才会更顺畅。

比如，张一鸣在加上那位资深工程师的微博、微信后，时不时地与对方进行交流。他说：“一开始在微博上可以很放松地问对方现在在做什么（项目）或者与对方做技术上的交流分享，这也是一种考察。”简单地聊了几次后，张一鸣对对方的性格和能力十分认可。偶尔，他会给对方的朋友圈点个赞或评论一番。两人渐渐成了朋友，聊的话题越来越轻松。

张一鸣觉得“火候差不多了”，便开诚布公地问对方“有没有兴趣加入”。他们约在一家咖啡馆见面，全程谈得十分愉快。因为前期有了足够的了解，谈话期间张一鸣总能及时抓住对方的喜好。事后，张一鸣说：“前期信息收集越仔细，他越会觉得你对他的工作、公司环境乃至他那个部门的特点都如此了解，这样你和他的对话就能产生共鸣，他对你的信任度会提高。”就这样，张一鸣足足花了两个月，终于令这位工程师加盟了今日头条。

如今高效能人才越发稀缺。随着企业对人才的倚重度不断提高，越来越多的“伪人才”将自己包装成了“高大上”的职场精英。让人防不胜防的是，这些“伪人才”中不乏高学历人士。良好的教育背景和出色的口才令他们通常能很顺利地通过面试关。等出了问题后，大家才发现，他们中很多人其实并无多少创造实际价值的能力。做好前期考察工作，能有效提高面试的可信度和准确性。

在企业整个人才招聘工作方面，用求贤若渴形容张一鸣，一点也不为过。他在人才招聘上付出的耐心和诚意，让很多 HR 都自叹不如。他坦言："在头条团队达到 100 人以前，不管什么岗位，哪怕是前台，我都会亲自面试。团队的前 50 人，有七八成都是我招进来的。"

创业的艰难期，招聘到与擅长技术的自己互补的人才，是张一鸣最看重的事情。他在盈都大厦 10 层那间昏暗的小会议室里，曾用自己的诚意打动了时任《京华时报》副总裁张利东。

那天，张一鸣在一张小白板上写满了密密麻麻的"展示量、用户量、点击率、转化率、CPC、CPM"等专业术语，然后又写下了一串艰深难懂的算法公式。他花了好几个小时向张利东解释自己的算法公式，想告诉他今日头条的广告盈利和往后每一步的创业步骤，是有一套精密的算法推导出来的，绝对不是空谈。

两年后，任今日头条高级副总裁张利东在接受记者采访时，坦然承认自己并没有完全听懂。不过让他感觉到震撼的是，第一次有人用算法公式去推导广告盈利模式。当时，打动他的不只是张一鸣的理工科思维，还有他满满的诚意。因为今日头条的盈利模式，都按照张一鸣所说的那样一点不差地实现了，而且比预期的还要好。

张一鸣自己也说，在创业初期，他自己就像销售一样推销着公司的愿景和机会。他希望自己给候选人留下坦诚、可信赖的印象。他说："我愿意花时间，也有耐心，不洗脑，也不忽悠。"

为了赢得人才的青睐，张一鸣经常去候选人的公司或者家里的楼下等候，就算在北京的雾霾里等，也不在乎。更让人难以置信的是，在创业初期，他徒步把北京的东四环和北五环这些程序员聚集的地方走遍了。他在咖啡厅、茶馆和真功夫见过许多候选人，说服他们加入自己的公司，尽管他并没有喝咖啡、茶的习惯。

张一鸣曾说，"我不喜欢桃园结义，但三顾茅庐还是没问题的"。三顾茅庐，我们都知道。诸葛亮之所以愿意走出隆中，最终打动他的是刘备"三顾茅庐"的诚意和耐心，而不是刘备能给他的什么高官厚禄、良田豪宅。

“没有请不起的人才，只有付不起的诚意。”真正的人才看中的往往不仅仅是薪水或者平台的大小，毕竟他去别的地方也能拿到你给出的待遇，或者更好。尤其是创业的艰难期，你凭什么能招到优秀的人才，并让他们心甘情愿为你效劳？仅仅有诚意也许并不够，但没有诚意，一切免谈。

第七章

用人

为什么BAT挖不走我们的人才

张一鸣很善于用人，以致互联网圈的HR都清楚，想从今日头条挖人很难，包括BAT这些行业巨头。张一鸣的用人秘诀有哪些？他认为比期权和福利更重要的还有愿景和体验；他主张把自驱力高的人放在关键节点上；他鼓励更多人参与决策，群策群力，发挥集体智慧。他也善于用人之长，对员工奖罚分明。同时，在艰苦的创业环境中，他以自己独有的幽默方式，让团队中的每个人快乐起来。

1 为员工提供最好的 ROI

对任何一家企业而言，人才流失都是一件最头疼的事。想要构建靠谱的人才梯队，就必须对这个问题予以足够的重视。然而，张一鸣似乎没有这方便的困扰。他曾自信满满地表示，“BAT 挖不动我们的人才”。只因他会为员工提供最好的 ROI（投资回报率）。

今日头条宛如一匹黑马，在短短几年内异军突起，向着国内互联网第一梯队努力进发。之所以能创下如此耀眼的成就，与今日头条对“选人、用人、留人”等问题的重视程度息息相关。张一鸣一向追求“和优秀的人做有挑战的事”。

他介绍说，人才机制主要包括三个要点：回报，包含短期回报、长期回报；成长，员工必须能在公司得到成长；激情，员工在这个公司精神生活很愉快，干起事来觉得有趣。

除此之外，有效的激励策略能最大限度地激发员工的责任感和归属感，减少人才流失现象。而提供最好的 ROI，便是一个很好的办法。

张一鸣说：“很多公司把人才当成耗损的成本。尤其是比较节约的 CEO 会想，我花很少的成本找到了这个人，挺好的。但是优秀的人才有更好的回报，核心关键不是看成本，是看回报和产出。所以，公司的核心就是要通过构建好的配置，配置好的生产要素，让公司有最高的 ROI，并且给每个人提供好的 ROI，所以公司的核心竞争是 ROI 的水平而不是成本水平。”

在他看来，这其实是一种长期投资，只要 ROI 好，员工能拿到的薪酬越多，公司得到的回报也越高。他要求 HR 每年都对市场薪酬做一次详细定位，保证公司给予员工的薪酬在业内始终处于领先地位。如果人力成本很高，公司管理者只有做到人尽其才，才不至于让资源白白被浪费。这对于公司管理者而言，也能起到督促、鞭挞的作用。

雷军曾说：“大多数创业者找到人以后，又会面临一个新问题——如何留住人。”马云也曾说过，HR 的首要职责永远不是招人，而是留人。挖掘优秀人才是一件难事，留住这些人才堪称难上加难。某权威机构调查发现，员工离职后，即使顺利找到新人，替换成本却高达离职员工年薪的 150%。除此之外，离职员工的职位越高，企业需要付出的代价越大。

可见，企业一旦涌现“离职潮”，只会迎来举步维艰的结局。想要预防人才流失的危机，就要舍得给人才戴上一副“金手铐”，舍得给员工提供超额回报。

今日头条的员工待遇是业内互联网公司都难以企及的，若用一句话来概括，便是“他们舍得在员工身上下血本”。除去一些隐形福利，字节跳动的员工还能拿到住房补贴、免费三餐等正式福利。再拿年终奖来说，它一般由员工入职时间的长短来决定。

大部分员工哪怕入职时间只有 2 到 3 个月，也都能获得股票期权奖励。此外，公司还会在年底发放“阳光普照”红包，红包金额最少也有 1000 元，且上不封顶。张一鸣还郑重承诺，优秀者可以拿到 100 个月的年终奖。他说：“我们要让人才知道，任何时候加入今日头条，回报都能非常非常高，并且平台资源非常好，这要比去创业公司有竞争力。”

一位头条前员工回忆说，他刚入职时便发现，超过一半的一线管理者都是 90 后，很多和他一起入职的应届生因为能力出众，轻轻松松达到了月薪过万的目标。

作为国内互联网巨头，阿里和腾讯也都很舍得在人才身上投资。根据网上疯传的一张阿里的工资等级表，可以看到阿里新入职的员工工资已经很高；到了 P5 级别的员工起始年薪至少 15W（万元）起；而 P7 级别的员工，便可以参与公司的股票分红；达到 P9 级别，除了拥有更高的底薪，还能拿到更多的股票分红。这些也都体现了阿里巴巴对于人才的重视。

再拿腾讯来说，其工资等级主要分为三个层次：T1，新进的应届毕业生，月基本工资可达到 10K（千元）以上；升级到 T3 高级水平，月薪起步至少为 23K；再往上，升级到总监级别，月薪差不多 60W 起步。虽然腾讯没有设置相应股权分红，但高级别员工可拿到 16 个月的薪水。

很多目光短浅的 CEO 都没想通这样一个道理，人才表面上是在拿你的工资，实际上是在为你创造价值。如果一个真正优秀的人明明可以为公司带来更多利润，却因为 CEO 不舍得多付一点薪水或者给予更高的福利待遇而愤然离去，实在是公司的损失。

给员工提供超额回报，为人才打造更好的工作环境，提供超出预期的工作待遇，才能留住人才。这相当于保存了企业持续发展的能力。千万不要犯因小失大的错误。越是优秀的人才，越要舍得下血本。只有这样，员工才会对公司毫无保留地付出。

2 除了期权和福利，还有愿景和体验

有人问张一鸣："期权和福利是目前互联网公司纷纷比拼的方式，除此之外，还有什么更重要的因素吗？"针对这一提问，张一鸣给出的回答是："除了期权和福利，还有愿景和体验。比如说一个文化很糟糕的公司，人才肯定也不愿意去。"

在张一鸣看来，有时候重金、高薪也未必能吸引那些真正有抱负的人才的目光，而"愿景和体验"却能让他们心甘情愿地发挥动力，与公司互勉互励共进退。

体验，指的无非是公司的文化氛围、工作氛围。经营企业就是经营人心，任何一家公司的员工都有离职的一天。对于管理者而言，他们没必要也无法留下所有的人，他们唯一能做的，是倾尽全力地打造更能凝聚人心的企业文化，并为员工提供更好的工作环境，让员工在职这段时间里，能够毫无干扰地、真心实意地投入工作中。

今日头条员工的工作环境在业内堪称首屈一指。头条员工办公累了倦了，可以登上屋顶花园晒晒太阳，十分惬意。而且公司内部还设有健身房、篮球场、台球室、瑜伽室，方便员工运动。除此之外，供员工使用的茶水间里摆满了零食，包括各种口味的咖啡，一应俱全。

为了丰富头条员工们的业余生活，释放他们的工作压力，公司会定期开展团建，保证人人都玩得开心、尽兴。到了节假日，公司会给每名员工准备礼物，人情味十足。

而且，张一鸣还花了很多力气去塑造企业内部的平等氛围，他要求公司内部不许出现某总、某哥、某姐、老板等称呼，直接叫名字即可。大家有什么事找他，都直接称他为“一鸣”。

这些令人难忘的工作体验将头条员工们紧紧联系在一起。但张一鸣心里清楚，光有体验是不够的，一个共同的愿景才是凝聚人心的“撒手锏”。塑造一个利益共同体，让员工将个人的发展寄托于公司的壮大上，方能让员工们战斗力全面高涨。

想要做到这一点，首先要让员工感受到，公司十分关心他们的职业规划，愿意为了他们的成长与进步投入更多成本。这一点头条做得就很好，头条内部信息开放程度非常高，交流成本比较低。针对新老员工的培训机会也特别多，主要包括公关、产品、AI 之类的培训。这对于很多志向远大，急需补充各种专业知识的新人来说，十分有吸引力。

马云曾说：“不讲使命愿景，员工记不住；讲多了，员工说你洗脑。有人讲阿里是洗脑文化，错了。有几个人能真的被洗脑？关键是你能否真正激发员工心底的人性。”

重视“愿景与体验”是必要的，但创业者不必将所谓的“价值观”“愿景”“使命”挂在嘴边，整天翻来覆去地去说。想要激发员工“心底的人性”，就得踏踏实实地去做事。

比如，一定要将培养落在实处。雷军曾说，很多创业公司都清楚人才的重要性，虽然他们努力营造更好的工作氛围，重视内部培训和提升，但收效却有限。

雷军认为问题主要出在公司没有设置专项的培训费上。“没有费用预算，人力资源部不会当成专门的事情来做，也没有办法引进好的讲师和好的课程。”他说。

首先，想要促进员工对于企业的认同感，企业必须舍得付出，并真心实意地帮助员工成长。不妨留出专门的预算、用专人来负责这一块，将对员工的培养落到实处。

其次，创业者必须致力于打造让员工更快乐、舒心的工作氛围。拿Facebook 来说，其办公场所配备了按摩师、理疗师、医生，很多工作繁忙的父母经常带着孩子一起去上班。

在谷歌，高层领导为所有员工提供一日三餐，食物精美，品种多样，口味极棒。而且，刚生育的年轻女性员工还能享受公司专门配备的育婴房，这些都增强了员工们的归属感。

除了一些优越的硬件设施及人性化措施外，聪慧的创业者还会时刻关注员工的情绪，发自身心地关怀员工。毕竟愉悦的心情是高效工作的催化剂。很多员工虽然在意高薪，却更在意工作氛围是否积极、快乐。正所谓“人情暖心”，如果领导整天板着脸，两眼只盯着企业收益，除此外一概不关心，就很难培养出一批真正忠心的下属。

张一鸣对同事们就十分关心。有一段时间，他注意到公司里的一位工程师总用平衡车上下班通勤。一天，他特意去找那位工程师沟通了一次，嘱咐对方一定要注意安全。他还开玩笑说，这是一种把公司重要资产置于风险中的行为，所以要没收他的平衡车。

张一鸣总是说:“追求人才过程的不易，让我更加意识到他们的宝贵，人才是今日头条最重要的资产，我要好好保护他们。”这些言论，包括他平日里无微不至的关心与爱护让同事们都很感动。大家工作起来也变得更有激情，更有耐心。

其实，针对企业用人问题，单纯砸钱，或一味用期权和福利去“诱惑”员工卖力工作，很多时候都无法收获预期中的效果。我们还要给员工带来更好的体验，塑造一致的愿景。

3 把自驱力高的人放到关键节点上去

有人说："人不应为了荣誉和外部赞誉而工作，因为工作本身就是奖赏。"拥有自驱力的人不惜为工作耗尽热情。每当张一鸣遇到这样的人，心里那份惺惺相惜感便油然而生。比如，他曾接受创一教育公司的采访，其中不断提到自己对自驱力的重视。

采访者问道："您怎么看自组织和自驱动？"

张一鸣侃侃而谈："在互联网企业自组织和自驱动是最重要的，自上而下的管理方式其实并不适合快速变化的企业环境，给出愿景和大目标，剩下的应该依靠企业内的各个组成部分自己来拆解目标并且最终完成。"

对方又抛出一个问题："您觉得今日头条是一个自组织和自驱动的企业吗？"

张一鸣坦诚说道："这是我们追求的目标，我们目前应该算半个。"

采访者顿了顿，继续问："在互联网企业如何建立人人的自驱力？"

张一鸣显然对这个问题有过思考："需要一个透明的环境。让每个人的工作都能够相对透明，能够被相关的人看到，公司的大目标和愿景能够被分解给对应的人。"

采访者接连追问道："如果企业中一部分人自驱力很高，另一部分人缺乏自驱力，对这部分人员您会怎么做？为什么？"

张一鸣用理性而平静的声音给出答案："把自驱力高的人放到关键节

点上去，让自驱力高的人拉动自驱力低的人，让自驱力低的人看到自驱力高的人的成功。”

采访者最后一次问道：“您会用什么方式去促进今日头条人的自我驱动力？”

张一鸣回答说：“首先，就是要招聘自驱力高的人。其次，就是用更有效的信息路由，倡导更透明的沟通文化，让每个人的工作都更透明。”

美国作家丹尼尔·平克撰写的《驱动力》一书曾获得“亚马逊最畅销书50强”的称号。这本书拥有一个副标题——“关于激励的真相”。丹尼尔将激励分为1.0，2.0，3.0这三种模式。

激励1.0假设人类迫于吃穿住行等生存压力去奋斗。激励2.0假设人类因为外部环境的奖惩做出相应的反应。其实，无论是激励1.0还是2.0其实都属于外部激励。而激励3.0则属于内在激励，简称“自我驱动”，它包括三个基本元素：自主、精熟和目标。

自主，用海尔总裁张瑞敏的话来说，即“每个人都是自己的CEO”。它拥有两个特征：自觉做好分内的工作，必须拥有一个自主驱动、自主创新的平台。张一鸣的管理方式无疑契合了后者，为了给自驱力高的人才打造合适的平台，他向来不遗余力。

精熟，指的是将自我导向、自主创新的事情做到精确、熟练。它也包含两个必要条件：一定要亲身参与，务必经过艰难痛苦的磨炼。参与指的是亲手去做，边做边思索边总结经验。经过磨炼的意思是，不怕失败，哪怕连连碰壁也百折不挠。

目标，其实是在说，目标强烈的人才拥有强烈的自我驱动。正如稻盛和夫所言：“一个人连想都不敢想，又怎么会去做？”人先有一个确定的目标和方向，才会毫无保留地投身实践。清晰的目标是坚强信念的前提，也是自驱力的来源。

张一鸣总将自驱力高的员工安插在公司运营的关键节点上，并大胆放手，尽量给予他们更多发挥的空间。作为阿里帝国的掌舵人，马云也是如此。

陈航曾是阿里著名的“失败者”。1998 年，马云结束北漂岁月，回到杭州创业。这期间，陈航曾进入阿里巴巴实习。后来，他却选择离开阿里，进入一家日本企业，“完美”错过了阿里的辉煌崛起。在日本待了 11 年后，陈航一返回阿里的怀抱，便被予以重任。

在马云眼里，陈航骨子里是一个自驱力很强的人，理应受到重用。然而，陈航的运气却有点“背”。他做的搜索引擎“一淘网”没有在市场上立住脚跟，做的社交软件“来往”也错过了最佳的发展时期。如此情况下，陈航没有气馁，他带着六人小分队开始了另一个项目。

他们搬离阿里园区，借用马云湖畔花园的私宅，悄悄开始了“钉钉”的筹建。在陈航的带领下，手下成员废寝忘食、夜以继日，将自身的驱动力发挥到了极限。在他们的努力下，2015 年年初，钉钉第一版上线。到了 2017 年，钉钉估值达到了 500 亿美元，整体用户突破了 300 万家，更因此登上阿里巴巴的财报。业内人士说，陈航果真没有辜负马云的期望。

自驱力强的人不仅能做到行动上的领先、主动，精神上也能做到自觉、自愿。个人想要提高自身的驱动力，首先要保持开阔、乐观的心态，以积极、从容的态度去面对工作。其次，一定要努力提升专业能力，这样面对工作时才不会有压力，也就乐意接受更多挑战。

作为创业者，想要激发员工的自驱力，先得建立自主性的企业文化。管理者应当给予员工更多信任和机会，让员工从被动管理变为主动负责。另外，管理者一定要做到尊重员工的专业能力，能不插手的事尽量不插手，鼓励员工全身心投入工作。对于那些自驱力颇高的专业型员工，可以像张一鸣一样，将其安排到关键节点上，调动其他员工的积极性。

美国作家凯普说：“员工的态度、个性、内驱力以及由此释放的工作能量，是企业发展的最大驱动力。而知识、技能、管理、制度等，只是‘冰山’的水上部分。”想要提高企业竞争力，先将自驱力强的员工安排到关键节点上去。

4 让更多人参与决策，发挥集体智慧

张一鸣很重视群体的力量。他曾表达过类似的观点：当群体凝成一股力量的时候，他们能有效制订解决方案，准确预测未来。创业者若能将这股力量融入公司战略制订的过程中，积极听取下属的意见，便是在为决策的执行打造基础、提供动力。

在回答媒体提出的“今日头条在人才管理方面有哪些特点”这一问题时，张一鸣着重强调了“集体智慧”这一点。他说：“我们提倡人才的‘自驱’，发动集体的智慧。因为企业的价值在于分工和合作，而分工就是让一个人尽可能把自己负责的工作做好。”

重视“群体智慧”的企业往往能够在激烈的竞争中最先站稳脚跟。而那些独断专行，听不进下属意见的CEO则可能带领所有人驶向危险，或深陷泥潭。

张一鸣曾说，企业有两种管理模式。第一种是将CEO视为“超级计算机”。CEO是整个战略计划的总设计师，他拍板决定所有策略，并将流程的控制权牢牢掌握在手里。即CEO提出战略计划，逐层分解之后执行。这一过程中若出现意外情况，再逐层往上汇报，直至传达给CEO。由CEO汇总信息，定出新的工作任务。第二种是让更多的人参与决策。抛开那种从上至下的战略分解模式，让更多的想法、意见自下往上地涌现出来。员工们无须机械地根据指令执行任务，而是亲身参与

到决策中去。

在张一鸣看来，想要建立一个有效的组织，最好采取第二种管理模式。而他所率领的公司就更倾向于“Context，not Control”。他解释说，“Context”指的是决策所需要的信息集合；“Control”则意味着委员会、指令、分解和汇总、流程、审批等。

“Control 往往会带来一些危险。人类在判断自己的理性控制能力时会有一种幻觉，对于聪明理性的人更是如此，常抱有理性的自负。”张一鸣如是说。

对于很多有过成功创业经验的 CEO 来说，他们因为很少遭受“challenge”（挑战），所以很容易将自己当成“权威”的化身。张一鸣解释道，虽然很多 CEO 并不缺乏知识与经验，但他们难以保证自己的那一套永远能够适应行业的变化。而且，一些 CEO 总以为自己提出的方法论特别精彩，但他们忽略了“抽象知识和具体形式之间有差距”。

张一鸣甚至断言：“自上而下的宏大战略往往都是灾难。”为了证明自己的观点，他特意列举了几个来自业内的真实案例。比如，当年比尔·盖茨力推 Windows Vista 项目，计划在 2003 年上线。比尔·盖茨此举是为了践行自己的技术理念，虽然他提出的一系列计划听起来很美好、宏大，但在具体实施过程中却连连碰壁。后来，比尔·盖茨不得不降低目标，并依据众人意见修改了计划，如此一波三折才将 Windows Vista 推向市场。

乔布斯也犯过同样的错误。当他第一次离开苹果做 NeXT 的时候，曾提出一个非常理想的做计算机的模式，操作系统简洁、优雅，语言也完全面向用户。但现实是，NeXT 的产品销售量根本达不到乔布斯的预期，最后大概只卖出了 50000 台左右。

日本著名的企业家土光敏夫经常告诉下属：一个错误决策带来的负面影响将远远超出我们的想象。领导者对于自己的想法、决策过于自信，却拒绝听取下属的意见，对企业的发展来说并不是一件好事。像张一鸣提倡的那样，群策群力、集思广益才能最大限度地保证决策的正确性。

反向思考，普通员工真的“不配”接触高端的战略计划吗？

现实生活中，大部分员工主要是在执行上级领导的指令。某种意义上来说，这种做法其实会培养员工的惰性，削弱员工的“主人翁”意识。甚至一些员工明明看出了问题，为求明哲保身，也会选择闭口不言。一般情况下，他们能做到什么地步就做到什么地步，至于结果如何，他们却抱着“反正不是我的想法，无须我负责任”的想法漠不关心。

其实，很多长年奋战在前线的员工接触的都是第一手资源和信息，他们直接面见客户，很多时候甚至比公司高层更熟悉业务，乃至对决策关键点都了然于胸。

张一鸣通过实践发现，手下员工越是靠近核心战略计划，就越能产生责任感；若能让更多人参与到决策中去，就更能保障公司的稳步发展。

为了鼓励公司年轻人多提想法，他有意识地弱化层级跟 title，改掉那些老企业奉行的“什么样的人配备什么样的电脑，什么样的人配用哪种级别的办公桌”的做法，尽量做到对所有人一视同仁。张一鸣还鼓励公司各部门间用群聊的方式进行沟通，方便高层管理者收集信息。同时，张一鸣还让管理层将 OKR（目标体系）对下属员工保持公开。

召开季度会议的时候，张一鸣尽量让更多的相关人员参与，而不是像以往那样开一个小范围的高管会。为了让员工了解公司的发展现状，张一鸣还经常在内部举办“CEO 面对面”等活动，并鼓励员工针对公司发展问题积极提问或提出建议。

可以说，创业者再厉害，也无法兼顾所有事情，做到毫无疏漏。明智的做法是让员工参与到决策制定的过程中去，聚集大家的智慧共同撑起企业的未来。

5 善于用人，看人时一般看优点

《财经》杂志曾采访张一鸣，其间提道：“你的同事说，你在大学时举办程序员大赛，第一名是一位化学系同学，你一直对他念念不忘，创立头条还特意把这位同学挖过来了。”

张一鸣回答说：“我看一个人都会想他有什么优点，哪怕是随意在路边看到的一个人，比如参加校友会，参观其他公司，甚至住酒店时看到的酒店经理。未知的事情或人我一般会往好的方面想。”可见，张一鸣的用人之道在于“用人之长、避人之短”。

对于创业者而言，关注员工的优点，同时想尽一切办法发挥其优势、挖掘其潜力才是他们最重要的工作。拿张一鸣来说，他用人时一向秉持“不拘一格、人尽其才”的原则，脑中所想的总是“他能做些什么”，而不是“他不能做什么”。

然而，现实生活中，总有很多“拧巴”的创业者为了改造员工的性格费尽九牛二虎之力。还有一些领导总幻想能招来一些完美的人才。实际上，这世上人无完人，各有长短。既然我们根本无法找到一个完美的人，就不如紧盯对方的长处，忽略其短处。

如果创业者总是挑挑拣拣，嫌弃这个做事速度太慢，谨慎过了头；又责怪那个性格飞扬跳脱，不够稳重：如此一味只盯着别人的缺点，久而久之，他们将面临无人可用的局面。

眼睛紧盯着下属的优点，对他的缺点心知肚明却绝口不提才是智慧的做法。正如某位资深创业者所言："将人的长处发挥到极致，做到人尽其才，才是组织存在的唯一目的。"

乔布斯就非常善于用人所长。某次演讲中，他说："一名出色的人才可以顶 50 个平庸的员工。"乔布斯还说，他之所以能创下这份傲人的事业，正在于他眼光独到，挖掘了很多优秀的人才。即使这些人才身上都有着各种令人难以忍受的缺点。

雷军用人时一般会根据对方的优点、擅长之处分配具体的任务。当年雷军在开启杀毒软件项目后，一度不知道该选谁来做这件事。那段时期，金山优秀员工都把热情投注在 WPS 新版本的研发上，谁都不希望这么"偏门"的项目落在自己的头上。雷军想，他需要的是一位兢兢业业、脚踏实地的工程师，只有这样的人才能担此重任。

就在这时候，他想到了金山的老员工卢新冬。虽然卢新冬缺乏管理才能，不太擅长处理一些人际交往方面的问题，但他一向任劳任怨、谨慎踏实。而且，卢新冬的工作能力也很强，他极其擅长逆向汇编和底层开发，正是雷军需要的人才。

基于此，雷军将卢新冬提拔为"反病毒小组"的组长。让雷军欣慰的是，卢新冬果然没有辜负他的期望。他每天窝在珠海金山四楼的一个角落里，紧盯电脑屏幕，几乎每天都会奋战到凌晨两三点。这个小组成员不断扩大，很快便做出了一番成绩。

对于创业者而言，想要"用人所长"，一定要将合适的人放在合适的岗位上。先给予人才一个良好的工作环境，才能真正调动所选人才的工作积极性。

可是，为什么生活中真正能发挥人才长处的管理者寥寥无几呢？其中一个很重要的原因在于，创业者总是"因事用人"而不是"因人设事"。在企业里，通常是设定了一个职位，再按照职位要求去寻找人才。然而挑来挑去，最终入选的人往往只"合乎最低要求"，离 HR 想象的相差甚远。如果能打破常规"因人设事"，就可能收获更好的效果。

比如，当通用汽车公司前总裁斯隆遇到一位天才发明家时，果断地为其设置了工程部门。这其实是汽车公司工程技术部的雏形。这对通用汽车公司的发展意义重大。

还有一些创业者任用人才时，第一反应总是："他跟我合得来吗？"实际上，创业者最该在意的问题应该是："他能做出怎样的贡献""他与工作的契合度高不高"……

只注重下属优点，不看其缺点，并不是说创业者应该放弃那份苛求与严厉。只是，创业者的苛求与严厉必须用对地方。关于这一点，商界精英德鲁克早已表明态度：他很赞成上司的"苛求"，可智慧的上司会先去挖掘一个人最擅长做些什么，再来"苛求"他达到怎样的成绩。而不是盯着下属的缺点斤斤计较，百般挑剔。

任正非曾说："完美的人就是没用的人，我们公司从来不用完人，一看这个人总是追求完美，就知道他没有希望。这个人有缺点，缺点很多，这个人好好观察一下，在哪方面能重用他一下。如果说他不会管人，就派会管人的副职去，派个赵刚去做政委就行了。"

尺有所短，寸有所长。每个人都有自己的优点和缺点。一个人不擅长做某件事情，不代表他在其他方面无法发光发热。只有用人所长，容人所短，才能实现团队的协作性。

6 奖罚分明，才能让大家相信游戏规则存在

通用总裁杰克·韦尔奇说：“企业奖惩制度的严格实施意味着真正的执行力。”对此，张一鸣深有感悟。所以他一直强调，对于一家企业来说，创造公平的文化和公平的信任是非常重要的，CEO 做到奖罚分明，才能充分调动员工的自主能动性。

张一鸣说，每次做年度 review 的时候，他都希望员工将其当成一个“重新面试”的过程。高层也会思考这样一个问题：如果这名员工重新加入，会给予对方一个什么样的 offer 及薪酬？倘若这名员工业绩亮眼，公司一定会给他发放特别高级别的 offer，同时考虑给他大幅增加薪酬。若员工绩效不达标，或犯了错误，负责考核的领导会给予对方相应的惩罚。

用人的核心意义在于“奖与罚”。良好的奖励机制能最大限度地激发员工的工作热情，除此外，员工的主人翁意识、竞争意识及自我表现意识会在这一过程中油然而生，这对于企业的发展有着莫大的好处。符合实际的惩罚措施能让管理进一步深入人心。

曹操说：“明君不赏无功之臣，不赏不战之士。”近几年来，字节跳动人才队伍急剧膨胀，张一鸣花费那么多力气在招聘上，是因为他始终认为“随着公司的成长、业务的增加，最关键的是要让优秀人才的密度超过业务复杂度”。为了让公司的人才机制变得更公平合理，他始终秉持

着奖罚分明的原则，以此来鼓励先进、鞭挞后进。

公平的奖惩制度堪称用人的第一要义。可口可乐公司总裁说，他曾花费大量的时间去研究人的问题。最后，他将职工分为以下四类：值得提拔的优秀职工；拥有晋升机会的潜力型员工；基本符合岗位需要，拿最低薪酬的员工；需要立即淘汰的员工。

这与张一鸣的想法不谋而合。字节跳动曾做过统计，发现很多公司在做岗位级别评定和绩效评估时，经常会出现各种形式的溢价，包括熟人溢价、新人溢价、资历溢价等。一些资历较老、背景较硬的员工即使毫无贡献，也会在福利待遇等方面占取更多好处。等他们犯了错误时，却不会受到惩罚。这其实会伤害整个公司的竞争环境。

因此，头条内部一般按照员工在其专业领域的稳定生产来定月薪及福利。而且，资历再老的员工，只要违犯了公司的规章制度，就都要接受相应的惩罚。

在恒大，公平、透明的奖惩机制是企业用人制度的重要组成部分。恒大董事局主席许家印所实施的一些重奖举措，曾在业内掀起一波波讨论。比如，早在 2007 年，许家印就出台规定：恒大地产地区分公司若成功开发出一个新项目，可获得高额奖金，最高达到月薪的 40%；成功开发两个新项目，奖金数额提升到 50%；开发三个及以上的新项目，额度提升为 60%。

内部知情人士透露，恒大所有员工包括高级主管在内，都有明确的业绩考核和排名，无论是普通员工还是高级管理人员，只要业绩不达标，或犯了错，就都会受到相应的处罚。

比如 2016 年 9 月，恒大集团公司内部网络上发布了两份处罚文件。文件表明，恒大副总裁、材料公司董事长因为管理严重失职，被公司开除。这两份文件都由许家印亲自签发。

马云也懂得采用奖罚分明的原则来激励员工。他说：“奖金是对昨天工作的肯定和对未来工作的期望；我们将严格执行 271 制度，旗帜鲜明地奖优罚劣。”

他希望能打破“大锅饭”和平均主义，并表示：“包括公司所有层级在内都将对 top 20（前 20 名）进行奖励提升，同时对 bottom 10（后 10 名）加强问责。这是对勤奋付出的同事的最大公平，同时也是激励所有阿里人去挑战更高的目标。”他还强调：“奖金是通过努力挣来的。它不可能人人都有，也不可能每个人都一样。它不是工资的一部分，而是因为你的业绩超越了公司对你的期望值。”

很多创业者发现，企业建立起激励制度后，员工的积极性反而大大降低，这是为什么呢？这大多是因为企业激励制度不够公平、合理。拿评估体系来说，对于每名员工的绩效评估足够准确，才能有针对地进行激励。如果记录不够公平，最后的评估结果也将有失公允，这对于那些真正做出了成绩的员工来说，是一种沉重的打击。

因此，创业者在建立企业激励制度的时候，一定要逐一考虑每一个环节是否存在考虑不周之处，比如评估体系是否透明、激励层级制定是否合理。

此外，无论是奖励还是惩罚，都要讲究适度原则，否则会大大降低激励效果。奖励太重，一方面会加重企业激励成本，另一方面极有可能导致员工产生骄傲自满的情绪。但若奖励达不到员工的期望，员工干起活来照旧有心无力，这套激励制度便失去了意义。

惩罚也是一样。过重会激起员工的逆反心理，过轻又无法让员工真正重视犯下的错误。只有根据现实情况，做到奖罚平衡、适度，才称得上人性化。

企业中，值得借鉴的激励机制一定是有奖又有罚。这样才能凝聚人心，才能打造出一支高素质、高执行力的团队，才能让企业发展走上正轨。

7 让团队中的每个人快乐起来

张一鸣很少谈论有关“创业艰辛”之类的话题，即使偶尔提起，脸色也始终带着淡淡的笑意。只因他明白，没有激情的团队，抗不过那么多艰难坎坷。

一次演讲中，张一鸣坦言：“过去有很多采访，经常问我创业是否艰辛。我觉得并没有。”他说，虽然那时候大家都挤在一间狭窄、黑暗的民宅里，周边都是简单的家具和一些办公用品，但在他的印象里，当时团队中的每一个人都过得很快乐。

张一鸣追忆过去，眼眸中绽放出异样的神采：“没有住在地下室里的艰辛，跌宕起伏的曲折故事，每天是一个新的开始，每天都充满希望，最关键是在创造有价值的事情。”

又有一次，张一鸣在视频前用调侃的语气说，某次年会，公司叫了8 个海底捞，但是只开了 4 个锅，因为会跳闸。而且那时候，办公室常常会因为欠电费跳闸。“居然欠电费！”张一鸣重重强调道，他语气如此轻松幽默，别人听来非但不觉得辛酸，反而忍俊不禁。

1999 年是阿里巴巴最艰苦的时候，然而，越苦，马云和他的小伙伴们越会给自己寻找快乐。当时他们喜欢玩一些“画饼充饥”“望梅止渴”的游戏，比如说，让游戏中的每个人展开幻想，如果自己一下子拥有了500 万，要如何花这笔钱。

还有一个游戏叫作“谁干得好就奖励寿命”，因为没有钱发奖金，马云见哪名员工工作认真负责，就奖励他“一百岁”“一千岁”。有一个同事就被奖励了“九千岁”。

第三个游戏叫作“杀人游戏”，大伙儿每次玩这个都很开心。有一次，员工们趁着马云去了卫生间，便一起合计说让马云当“杀手”。马云回来时一抽签，果然拿到了“杀手”的身份。他窃喜不已，心想：“今天终于可以搞别人！”他一个个“杀掉”别人，还以为大家都不知道他的秘密身份是“杀手”，其实每个人都心知肚明。那次大家都玩得酣畅淋漓，马云也很开心。

多年后，马云感叹道：“创业者要懂得左手温暖右手，要懂得把痛苦当作快乐，去欣赏，去体味，你才会有成功。”把痛苦当成“洪水猛兽”，一味避之不及，或无力自拔地沉湎其中，结局只会走向潦倒。将痛苦视为快乐，我们才更容易去接受它，更有自信去战胜它。

创业路上困难无处不在，苦涩与辛酸、懊悔与失意都是生活的必修课。创业者要学会善待自己，善待团队中的每个人。学会苦中作乐，才能让这场艰难的创业之旅变得丰富多彩、更有意义。

想要学会苦中作乐，首先要确保自己正做着感兴趣的事情。张一鸣是这样说的：“确实要找到自己的兴趣，有人把它叫作兴趣，有人把它叫作志向，有人说它是激情、抱负。”

维珍航空创始人兼 CEO 理查德·布兰森说过：“创业的秘诀是什么？不能乐在其中，就别做。”创业者如果不能在自己的事业中找到乐趣和激情，困难就会被成百成千倍地放大，坚持也会变成这个世界上最难的事情。很多人选择放弃，原因正在于此。

马云曾说：“创业要劳逸结合，能让员工笑着干活是一种本事。”雷军也说：“要用一颗快乐的心，快乐自己，快乐他人，快乐客户。”为了打造快乐团队，创业者得想方设法地调动团队中每一个人的情绪，让员工们拧成一股绳，一鼓作气地朝着目标冲去。

聪慧的创业者会在员工的团建方面下很多功夫。一场场活动办下来，既放松了身心，也促进了团队的和谐统一。大家的关系越来越融洽，公司的氛围也越来越好。

优秀的创业者能让员工自愿跟随，而智慧的创业者则会让员工笑着干活。企业最重要的资产表现在两个方面：硬资产和软资产。前者代表你的硬实力，比如创业资金、人脉及相关资源等。后者指的是员工凝聚力等。相较于硬资产，软资产能长远促进企业的发展，有着不可估量的意义。身为创业者，一定不能忽视企业氛围，尽量做到让每一个人都快乐。

第 八 章

管 理

从自我管理到团队管理

作为一名企业的掌舵人，其自身管理往往与团队管理难以隔离。在自我管理方面，张一鸣身上的自制力堪称“恐怖”。他从不乱发脾气，总是“不过分兴奋，也不过分沮丧”。即便在危急时刻，也能保持无比冷静的头脑和判断力。他坦言，适度的、可管理的沮丧可以让人保持清醒。在企业团队管理方面，他不断自省、感谢批评，并且认为管理不能做“老好人”，等等。

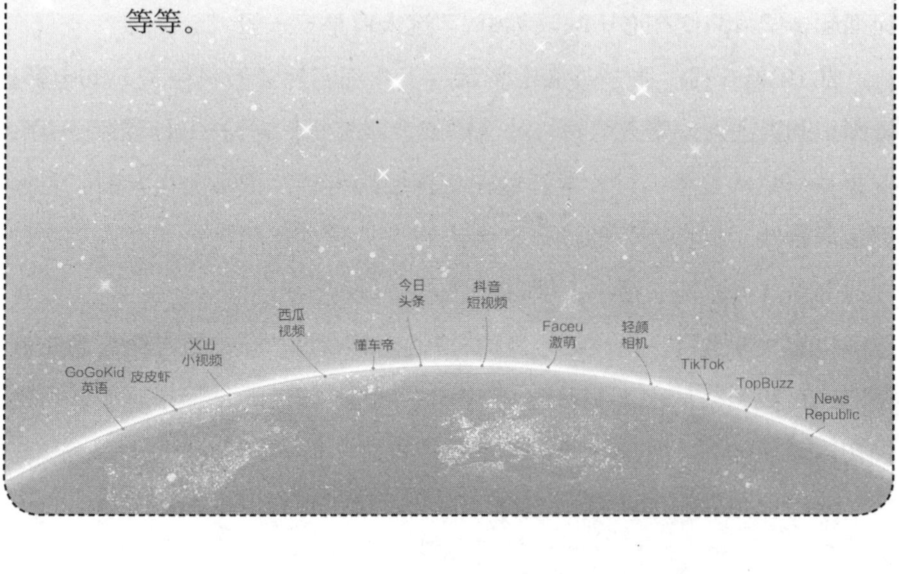

1 堪称“恐怖”的自制力

今日头条的某位高管，曾用“恐怖”二字形容自己的顶头上司张一鸣。他对张一鸣那种极度认真负责的工作态度印象最为深刻。

很多跟随张一鸣打拼多年的同事私底下悄悄说，他们的CEO有着机器人一般的自制力，那种理性与克制，“让大家明白了那些顶级精英与普通人之间的差距究竟有多大。”

抖音创始人梁汝波与张一鸣相识17年，他们曾是大学同班同学，还是亲密无间的舍友。梁汝波介绍说，当年的张一鸣从不打牌，也不爱玩游戏或者看碟。搞笑的是，张一鸣那时候自号“道德状元郎”。从第一次见面起，梁汝波便在心里啧啧称奇：“这人真是不一般。”

2015年5月，张一鸣去电影院看了一部名为《万物生长》的电影。电影里的男主人公整天忙着打牌、约架、谈恋爱，将日子过得混乱不堪。这是张一鸣从未经历过、更是他无法想象的生活。记得上大学时，其他男生玩游戏、打扑克，他顶多在旁边看个几分钟，便又一头扎入了各种专业书籍或者课外书籍中。那时候的他，十分珍惜时间。

想起南开岁月，张一鸣感慨道：“他们怎么过得这么混沌啊？浪费好多时间！我怎么从来不浪费时间……这个也挺遗憾的，但是想想，可能当初体验了这个，现在就不知道在干吗了。”

缺乏自制力的创业者哪怕着手的是很简单的项目也无法成事。三天打鱼两天晒网的人往往注意力很难集中，思维杂乱无章，缺乏条理性。他们对项目的进展没有清楚的认知，对自身能力培养也缺乏清晰的计划。这样的创业者很容易以自我为中心，常常不听劝告。

但自控力强的创业者往往能在创业的过程中先拔头筹。他们不受拖延症的困扰，总能做到“今日事今日毕”，Deadline（最后期限，截止日期）对于他们而言是一种动力而非压力。

而且，自制力强的创业者能够自如控制自己的情绪，并自由支配自己的言行，善于激励自己去执行一些看似困难的决定，这才一步步赢下了属于自己的一片天空。

著名企业家王石也是一个拥有恐怖自制力的人。万通控股董事长冯仑经常和王石一起去爬山。他对王石只用五年时间完成“7+2”的极限挑战这件事十分佩服。

“7+2”挑战指的是征服七大洲的最高峰，加上南极点、北极点。冯仑说：“对于当时已经四十七八岁、而今六十五岁的人来说，能做到这样很不简单。”

和王石一起爬山的过程中，冯仑发现，王石和他们最大的区别在于“自制力”上。他时刻能管理自己。冯仑描述说：“比如，他说几点进帐篷，就几点进帐篷。在山上，应该下午五点睡觉，若是聊得高兴了八点才睡，那第二天肯定爬不了。在7000多米的珠穆朗玛峰上时，不管别人再怎么跟他说风景好，他都能克制自己不出帐篷。因为只要动一次，能量就损耗一次。”

与王石形成鲜明对比的是一位叫作“大刘”的朋友。他因为太兴奋，一时没克制住自己。当时电视直播登珠穆朗玛峰，大刘不时出现在镜头中，欢呼雀跃，显得精力十足。结果到了8000米的时候，他气喘吁吁的，再也没有了向上爬的勇气。只因之前太过放纵，导致体力消耗过多。

而且，每次登山前王石都会认真做准备工作。有时候日晒太强，王石会依据专业人士的指导，厚厚地涂上两层防晒霜。为了保持能量，他会拼命咽下那些难吃的食物。

相关专家曾提出这样一个说法：自制力其实比智商更重要，它可以像锻炼肌肉一样，通过后天训练逐渐变得强大起来。《自控力》是美国斯坦福大学凯利·麦格尼格尔教授的著作，他在这本书中谈到了几个提高自我控制力的方法，让人十分受益。

比如，身为创业者，我们要减少行为的变化性，学会“不向明天赊账”。很多创业者都有着这样的经验，每做出一个“失控”的选择时，总希望明天能做出相反的选择。

最后却发现，明天的自己，永远不会比今天更自控。想要避免这样的情况再次出现，不妨扔掉所有的借口，从此刻开始保持行为的连贯性，减少行为的变化性。唯有安心地做好当下的每一件事，才能心安理得地度过今天，踌躇满志地迎来明天。

此外，创业者要学会将自己最想做的事，安排在意志力最强的时候去做。只因人的自控力会随着时间推移而消失，而每一次自控都会对自身能量造成消耗。如果我们将能量浪费在无关重要的小事上，面临重大抉择的时候就没有多余的精力去应对。

缺乏自制力的创业者，没有资格去谈论梦想与努力。他们会将自己变成负面情绪的奴隶，做事三分钟热度、且顾头不顾尾，这种状态是很可怕的。想要在激烈的市场竞争中脱颖而出，你一定要主动出击，通过时间管理、情绪掌控等各种方式，不断提升自己的自制能力。

2 最好的状态是“不过分兴奋，也不过分沮丧”

著名产品人梁波曾说：“情绪是一个人的底层操作系统。驱动一个人的，正是他的情绪、他的底层操作系统。”对于真正优秀的人来说，始终保持平稳的情绪是必备的素质。

正如张一鸣，见过他的人都坦言：“他太理性也太可靠，总是试图说服人，而非感染人。他说话时语调和语速几乎没有情绪起伏，高兴和沮丧都不轻易示人。”

而张一鸣的大学室友梁汝波也说，认识这么多年来，他眼中的张一鸣向来平静克制，“不过分兴奋，也不过分沮丧”，情绪只在这两条线之间波动。遇到了开心的事情，张一鸣不会表现出一副打鸡血的样子；遇到不舒服的事情，也很难从他身上看出消极情绪。

比如，大学期间，一位女同乡请求张一鸣帮她修电脑。张一鸣同意了，回来后他开心地告诉梁汝波，他对同乡宿舍的一个女孩一见钟情，准备追求对方。

之后，张一鸣又去帮同乡修了好几次电脑，借机认识了女孩。他和女孩在 BBS（电子布告栏系统，网络论坛）上聊得很投缘，后来张一鸣壮着胆子约她出来表白，谁知最后他竟被毫不留情地拒绝了。

见女孩连一张“好人卡”都没发，张一鸣心里自然很失落。梁汝波知道这件事后，本想好好安慰张一鸣。张一鸣却始终表现得很平静、坦然。他说："就感觉这件事（他只是）跟你说了一下而已，然后你有不同意见，我们接着来。用现在的话来说也挺奇葩的。"

稻盛和夫有句名言："成功不要无谓的情绪。"能自如控制情绪的人在面对人生中难得的"高光"时刻时，不会表现得过于兴奋，以免给人得意忘形的印象。他们会将喜悦藏在心里，但凡出现在人前，都是一副冷静自持的样子。

张一鸣就是这样的人。在他看来，最好的状态莫过于"在轻度喜悦和轻度沮丧之间"。这些年来，他身上的标签越来越多：冷淡、克制、理性、务实、平静……

张一鸣从未公开谈过自己对外界这些评价的看法，却一针见血地指出绝大多数人的困境："人总不 facing to reality（面对现实），是很大的问题。预测未来的最好方式是创造它，但前提是面对现实。"勇敢地直面现实，才不会被诸多情绪所控制。

懂得控制情绪的人，能收获最多的支持与信任。阿里巴巴永久合伙人蔡崇信也和张一鸣一样，有着顶级的情绪控制能力。马云在谈及阿里巴巴的成功时，坦言自己第一个要感谢的人是蔡崇信，只因"他这个人处事非常冷静、成熟，到了让人震撼的地步"。

有一次，一位湖畔大学学员问蔡崇信："过去这么多年，最让你难过的事情是什么？"他先明确对方的问题："你是问难过的事情，还是难处理的？"随后不急不缓地说道："好像没什么难过的事，倒是经历了一些难处理的事……"

仔细琢磨蔡崇信的回答，我们会对他的处事方式有更多的了解。即使一件事没有做成功，他也不会沉浸在失落沮丧的情绪中难以自拔，更不会怨天尤人。存在即合理，很多事情既然发生了，只需冷静面对即可，最大的困难无非一时难以解决而已。情绪越是焦虑不堪，只会越将事情推向不可挽回的地步，倒不如及时冷却情绪，以不动应万变。

有业内人士说，创业无异于一场修行，而修行的成果不仅是自身能力的提升，更多的是培养了一种平和稳定的心态。而创业时间越久，便越能积累更多自如调整心态的经验。

创业又是一场历练，历练的正是如何从消极的心态及剧烈的情绪起伏中快速恢复平静。其实，这种控制情绪的能力并非天生，很多创业者都是在具体实践中慢慢“修炼”而成。哪怕变故横生，他们也能静静等待情绪降温后再梳理问题，根据场上形势做出准确判断。

对心理学有所了解的人对“脱困四问”应该都很熟悉，尝试着用以下这些方法理清思路。

·Emotion（情绪）：目前的我身处怎样的情绪？描述情绪的强烈程度。

·Event（事件）：为什么会产生这样的情绪？尝试站在旁观者的角度上冷静描述引发情绪的事件，如果发觉自己的表述不够客观，返回第一步，重新开始。

·Target（目标）：原本想要的是什么？有怎样的初心？想达到怎样的效果？

·Action（行动）：下一步，我该怎么做？怎样用行动做出改变？

身为创业者，难免有控制不住情绪的时候。在情绪濒临爆发的当下，先深呼吸，适当转移注意力，找到合适的途径去宣泄情绪。等大脑稍微恢复理智后，再采用“脱困四问”法梳理情绪发生的原因，彻底找回内心的平静。

3 适度、可管理的沮丧让人保持清醒

很多年轻人还没开始创业，便陷入了狂热的幻想中。张一鸣却强调说，创业者一定要保持一颗清醒的头脑。有时候不妨适当引入沮丧情绪，给自己的大脑泼盆冷水、降降温。

张一鸣曾接受《芭莎男士》杂志采访，对方问道："用哪一个词最能形容你经常有的感受？"

张一鸣沉思片刻，严肃地说："沮丧，或者说郁闷——沮丧的程度有点儿深。比如某个候选人，我们觉得他很合适，却最终没有选择我们。"

熟悉张一鸣的人都知道，每当投入紧张的工作节奏中，他脸上并非都是轻松的表情，偶尔也会呈现出一副面色沉凝、眉头紧锁的模样，显得很郁闷。

对此，张一鸣解释说，创业者将不可避免地被来自外界的喧嚣与纷扰所"浸染"，时不时引入适度的、可管理的"沮丧"，反而能警醒人心，让人保持深入思考的能力。

张一鸣曾在《对话》节目中说，年轻时，他曾一个月内见了 30 多位投资人。不善言谈的他不得不使出浑身解数来游说各位投资人，最后更因为说话太多而失声。可是，越是努力，希望反而越是渺茫。很少有人愿意将宝押在这个外表清秀、内敛的年轻人身上。

张一鸣坦言，那时候的他，说压力不大是假的，但也只是轻微的焦虑与沮丧而已。虽然他刻意让自己的心情始终处于一种微妙的平衡感中，但依旧会时不时“放纵”负面情绪蔓延，让其变成一颗“薄荷糖”，给焦躁的心和发热的头脑注入丝丝凉意。

网景创始人 Marc Andreessen 在谈起自己的创业体验时，这样说道：

“创业这件事会使你进入一种与你曾经经历过的任何事情都不一样的情绪状态。你每天也许都会有一种不同的状态：某天你可能信心满满，觉得世界即将属于你；很快，你可能觉得世界末日离你只有几周时间，直到被完全摧毁；而这样的状态可能会不断反复。”

身为创业者，必须长时间处于高压下工作，这种情况下，时不时产生挫败感、倦怠感是很正常的事情，无论他们有多热爱自己的工作。而且，很多创业先驱们都认为，时常引入这种失落、沮丧的情绪其实是一件好事，它是我们始终保持清醒的绝佳助剂。

有句话说得好：“成熟在逆境，醒悟在绝境。”很多人都是在负面情绪中成长起来的。我们不可能做到一辈子都开开心心，隔绝烦恼。只有经历过“崎岖”的心境，才慢慢练就了成熟的心态和强大的灵魂，才知道自己真正想要的是什么，从而做出恰当的判断。

2007 年，澳大利亚利兹大学教授约翰·马勒和助手们一起完成了一项研究，最后他总结道：“有时候，引入悲观的情绪可能使人少犯错误。处于负面情绪中的人在问题决策上更谨慎，思考问题时更深刻，他们很注重逻辑分析，较少依靠直觉，总能保持一颗清醒的头脑。”

周鸿祎首次创业时的经历很好地印证了这一点。那时他正年轻，对未来满怀憧憬与希望。创业虽然艰苦，但他却不允许自己产生任何失落、沮丧的情绪，认为这会打击自信、败坏斗志。然而，事实却告诉他，越是自我感觉良好，便越是不知避险，这其实比无知更可怕。

周鸿祎卖的是反病毒卡，合作方是一所大学的一个校办企业。在一种堪称“激越”的情绪中，他和合作方谈好了诸多销售事宜，总觉得这一次必能成为自己辉煌事业的起点。

谁知对方的负责人一上来便撂下一句：“你的这个东西我看了，我们

99 元进货！”周鸿祎原本很信任对方，此时一听却懵了：“我一张卡的成本是 50 元钱，这只是硬件成本，人工成本根本还没有算进去。你什么都没有干呢，就可以净赚 200 元，你怎么能拿大头呢？”

对方却振振有词，“有理有据”：“我做销售渠道，最终的目的是把这个东西卖出去，我要去宣传，我要做广告，我还要去发展二级代理商。我一次进这些货，压货是有风险的，万一卖不出去就砸在手里了。如果你非要卖的价钱高，那我就从你这里批货，卖完了再和你结算资金。你是愿意加速自己流转呢，还是愿意公摊风险？”

周鸿祎沉默了，只感到彻骨的寒冷。尽管他费力谈判，还是“胳膊拗不过大腿”，不得不同意了代理商提出的价格要求。这件事后，很长一段时间里，他心里时不时翻涌起一股失落感，提醒着他先前的盲目热情、自信有多可怕。从那时起，他再也不避忌某些负面情绪，甚至在极其高兴的时候也会及时地给自己泼一盆冷水，令自己保持清醒的思考。

凡事都有两面性，情绪也是如此。像张一鸣、周鸿祎那样，时常保持沮丧、悲观的心态，反而能起到警醒自己的作用。这正应了古人“哀兵必胜”的道理。

当然，凡事过犹不及。先得满足适度、可管理这两条原则，才能放心地任由自己陷入这种负面情绪中。记住，创业的旅程不一定非得充满焦虑，但盲目的自信更不可取。我们得掌握调节情绪的方法，令其处于平衡状态。同时学会适当引入负面情绪来激起正面能量。

4 越是危急时刻，越要保持冷静

回望张一鸣的创业之路，我们会发现，越是到了危急的时刻，张一鸣越是表现得从容冷静。因着这份临危不乱的智慧与胆略，他一出手，必能将险峻的形势化解于无形。

2014 年，就在今日头条确认获得 1 亿美元 C 轮融资后，一个坏消息传来：今日头条被斥侵权。起因在于，今日头条为了提升用户体验，改变了以往提供其他平台的新闻链接并转到该网站的新闻页面的模式，进一步在页面上添加了评论等功能。

今日头条认为这不过是抓取和导流，而在其他网站看来，这是一种转载行为，涉及侵权。《新京报》紧随热点，发表一系列社论。今日头条侵权的问题一夜间传得沸沸扬扬。

这是今日头条面临的第一场危机，张一鸣内心颇感苦涩。后来，他告诉《人物》杂志，当初自己在公司高管群里看到《新京报》社论的当下，“第一反应是委屈。你看我在给你带流量，我也没有赚你们什么钱，未来你们需要的话，大家可以谈用什么样的方式来解决。”

尽管彼时的张一鸣心中波澜不断，但据梁汝波回忆，这位老友外表如常，甚至比以往看起来更冷静、果断。事情发生的当下，张一鸣主动联系“极客公园”创始人张鹏，希望传统媒体出身的张鹏能给自己提出一些有效建议，为自己解答疑惑。

同时，他迅速召集全公司能帮得上忙的人开会，商量如何去平息负面舆论，解决这场危机。纷争之后，张一鸣开始了版权相关事宜的深度了解与学习。事后，张一鸣对外解释道："头条在对网页进行转码时引起了争议，后来头条与投诉的平台都达成了合作。"

这一套危机应对程序无比干脆利落，虽然出于种种原因，今日头条的侵权问题并未得到彻底的解决，但张一鸣的冷静、理性仍旧帮助他成功渡过了眼前的危机。

《菜根谭》上有这样一句话："忙处不乱性，须闲处心神养得清；死时不动心，须生时事物看得破。"意思是说，事物乱成一团时，若想保持冷静的态度不乱本心与本性，平日里一定得修身养性，努力培养自己果断、敏捷的洞察力和判断力；面对死亡时，若想做到毫无畏惧与留恋，平日就得看破这紫陌红尘，了悟这世事人生。

当危机陡然降临时，有的人能做到沉重冷静，将眼下局势判断得分毫不差，并急中生智，想出平息危机的高招；有的人却慌张忙乱，步步退缩，乃至束手待毙。

之所以有如此大的差别，全在于平时的历练与修养。张一鸣遭遇困厄时，也如其他人一样有着恐慌、委屈、愤怒等各种情绪，但他习惯了二话不说、先解决问题的应对模式。随着今日头条逐步壮大，他应对危机的本领越来越扎实，态度也变得越来越从容镇定。

可见，若遇事只顾发泄情绪，却不注意从种种乱象中理清思绪，不注意修身养性，到了危急关头就很难逃脱厄运。平时练好了基本功，到了关键时刻才能化险为夷。

马化腾曾在一篇文章里提到自己创业以来曾遭遇的三次重大危机。拿第一次危机来说，腾讯旗下的QQ遇上了微软旗下的MSN，这无异于一场"世纪大战"。

当时微软风头正盛，而国内互联网还未完全普及，腾讯相比微软只是一家刚刚起步的小公司而已，双方堪称实力悬殊。随着微软来势汹汹，腾讯一度陷入前所未有的危机中。在外界一片唱衰声中，马化腾从容应对。为了“稳定军心”，他果断向对方下了一封挑战书。有马化腾坐镇指挥，腾讯公司迎战措施步步分明，堪称效果显著。

腾讯先是推出全新的 2005 版 QQ，强化了离线消息、文件传输等功能，颇受商务人士的青睐。随后，腾讯又发布了新版 QQ 的文件断点续传等新功能。腾讯还特意召开了一次发布会，平日低调的马化腾难得现身，并发表了一篇激情昂扬的演讲。此举令腾讯公司士气大涨，也让 2005 版 QQ 得到了很好的宣传。微软由于轻敌，却接连败下阵来。

很多优秀的创业者之所以能在危机来临的那一刻始终保持从容镇定的态度，并有条不紊地解决问题，关键在于他们平时就具备居安思危的思维，随时做好了过冬的准备。

“兵无常态，水无定形。守业必衰，创业有望。”商界是个充满变数的地方，一不小心优劣之间便会发生转换。只因市场是不断变化的，消费者的需求也在不断产生变化。想要让企业长盛不衰地发展下去，创业团队中的每个人都缺少不了居安思危的忧患意识。

唯有这样，创业者才会在平时的实践中有意识地磨炼自己的心性和提升自己处理问题的能力。哪怕到了真正危急的关头，也能保护自己和企业平安渡过坎坷与磨难。

5 不乱发脾气，杜绝冲动

张一鸣从不通过乱发脾气去发泄情绪、解决问题，在他看来乱发脾气是无能的表现。张一鸣曾经的大学舍友梁汝波说，认识十几年来，他从未见过张一鸣乱发脾气。印象里，张一鸣最激烈的情绪表达方式不过是："这个事情怎么会这样？"

后来他们成了合作伙伴，工作中难免有意见不合的地方，但每次两人都会通过逻辑分析来解决问题。梁汝波解释说："发脾气意味着你受情绪控制，这太感性了。"

梁汝波笑称，他和张一鸣作为理工男，思维方式就是"保持绝对理性"，以及"理性地掏心掏肺"。他们靠理性对盲目性加以克制和引导，尽量杜绝感情冲动。

接受《成都商报》采访时，记者问张一鸣，是否从未被激怒过，又让他讲一件情绪失控的小事。张一鸣摇摇头，说："我希望能始终保持平和的状态。情绪失控的事情？可能有记忆之前有，比如妈妈不给我足够的糖果。但这个得问我妈妈了。"

又有一次，张一鸣接受另一家媒体的采访，他坦言道："我几乎不发火。因为发火有什么效用呢？"对方好奇地问道："为什么一切都要用效用来衡量？"张一鸣说："我又不想发火，干吗发火？我不发火，也很少生气。但有时会不高兴，不高兴多半是因为失望。"

真正成熟的创业者，一定是能控制好脾气的人。当然，他们并非没有脾气。但他们懂得如何将情绪控制在合理范围内，以开阔的心态去面对创业旅途中的诸多烦恼与意外。

而有些年轻的创业者动不动就情绪过激，对下属甚至对合作伙伴大发雷霆。这反而暴露了他们“色厉内荏”的性格短板。他们乱发脾气，不过是因为自身没有能力处理好那些令他们感到愤怒、难堪、难过的人和事，才用这种方式去彰显权威、发泄情绪。

亚马逊的创始人杰夫·贝佐斯一直将“脾气不要大于本事”当作人生信条。而这也是他创业成功的秘诀。的确，连脾气都控制不好，创业者很难赢取他人的信任。

乔布斯曾说，招聘时如果遇到了 A 级人才他会极其高兴，这是因为 A 级人才通常没有坏情绪，也不会那么玻璃心。哪怕乔布斯批评对方，方案做得很糟糕、出的主意坏透了，对方也只会心平气和地接受，然后理性分析，找出缺点及时改进。

真正厉害的大佬虽然也有过发脾气的时候，但发脾气并不是他们的目的，而是一种管理员工的手段。在他们看来，发脾气其实是有讲究的。

2016 年中秋节，阿里集团的四名程序员趁着公司中秋搞活动私自刷走了一百多盒月饼，马云知道这件事后，当场发了好大一通火，他直接下了批示：所有参与作弊刷月饼的员工，当天下班前必须离职。消息传出后，有网友评论说：“月饼加一块也没多少钱，马云何必发这么大的火？”相关业内人士却心知肚明，马云的做法足够理性。

那几位程序员的做法严重损害了阿里的价值观，这时候马云若一味保持温和做派，既无法震慑其他员工，更不利于公司的长远发展。可以说，马云确实将脾气发到了刀刃上。

创业者当然可以在合适的时候，对合适的人适当地发脾气，这也是维护自身权益、表明态度的一种有效方法。但是，千万不要情绪一上来便只顾着发泄，不分场合地摆冷脸、耍脾气。这只会削弱他人对我们的信任。那么，身为创业者，平时如何去控制自己的脾气呢？

不妨在情绪激动的当下，按下“暂停键”，转移注意力。比如，想要对员工发难的时候，深呼吸，冷静一下。或者走出办公室呼吸新鲜空气，等情绪平复后再和对方细谈。

转移注意力的方法除了转换环境外，也可以聚焦于内心，找到“情绪信号点”。有的创业者发现自己一生气，手心就不自觉地冒汗，背脊僵直。于是他将自我身体的这些变化作为“情绪信号点”。一旦“情况危急”，立马将注意力从外界的感知上转移到对自我内在的感知上。细心观察自己的情绪，不断和自己对话。这个过程中，想发火的欲望被渐渐遗忘。

雄九控股集团董事局主席张启明曾说：“能做到无论别人怎么生气，自己都能淡然处之的人，就是高人。”创业者活得太过情绪化，只会给人不可靠、不成熟的负面印象。明智的创业者却不会随意娇惯自己的脾气，任何时候他们都能心平气和地去和别人沟通。

6 常怀自省之心，避免自我强化和催眠

拿到“创业邦年度创业人物”称号后，张一鸣上台发表了一场演讲。其中，他提道：“我很早以前就意识到，公司规模扩大了，CEO 角色也很容易就会陷入一个不利的局面里—— 公司周围很少有人能够给自己提有效的要求和批评。这种氛围下，创业者很容易会滋生出不自觉的满足感，这种满足感会像病毒一样影响、侵入我们的深入思考能力……”

想要避免这种情况的发生，创业者必须时时反省自己。正如张一鸣所言：“这时候创业者的自知、自制力和反省能力就变得尤为重要，能从轻微的意见和异常中发现自己的问题并修正，就是一种慎独。”这样理性又深刻的认识，来源于现实的教训。

前几年，今日头条不时陷入“侵权”传闻里。拿 2014 年那一次危机来说，张一鸣临危不乱、紧张部署，事件的负面影响最终被缩减至最小，事后张一鸣也做了一番检讨。但从后来发生的一系列问题可以看出，这次事件并未引起他足够的重视与反思。

随着今日头条做得越来越成功，这一类侵权事件并未结束，反而愈演愈烈。2015 年，网友们纷纷对头条号盗文、抄袭等行为做出抗议。2017 年，腾讯“杠”上今日头条，起诉头条侵权。同时，很多其他平台和个人也对今日头条做出投诉。经过一段时间的拉锯战后，今日头条不得不对相关内容做出下架处理，同时对相关平台或个人做出赔偿。

2017年，今日头条因为平台上一些不雅视频链接的推送，遭到北京市网信办、市公安局、文化市场行政执法总队的联合约谈，并被责令限期整改。

2018年4月4日，今日头条再次收到国家广播电视总局的通报。4月9日，四款新闻资讯类App被下架，今日头条暂停下载服务三周。4月10日，在国家广播电视总局的严令下，今日头条旗下的内涵段子被永久封禁。接二连三的打击彻底点醒了张一鸣。

有人说，张一鸣这是犯了他自己曾经演讲提到的“理性自负”的错误，即“聪明又理性的领袖忙着实现他的宏图伟略却忽略了行业环境的变化”。身处至暗时刻的他回想起一路走来的艰辛与荣耀，愧疚与痛悔翻江倒海般在他心里翻滚不休。

那天，张一鸣彻夜未眠。凌晨时分，他郑重其事地在个人微博上发布了一封道歉信。信中，他诚恳致歉，深度反思，表明要“将正确的价值观融入技术和产品”。之后，今日头条主动关闭了App内语录等5个频道。有人说，张一鸣终于从“这场自负中清醒了过来”。

缺乏自省意识，我们很可能沉溺于现时的风光与荣耀不可自拔，却对自身的诸多缺陷与不足视而不见。直到问题演变、升级，到了不可挽回的地步，才悔不当初。

稻盛和夫说：“天天忙忙碌碌，终日沉溺于事务，我们常常因此忘记了反省，这样的生活无从提高我们的人格。必须有严格的自我反省，才会促使我们变得高尚。人生中缺乏反省，成功即成失败之母。”人若陶醉于成功，不能时时反省，不能坚持学习，便会在不知不觉中变质。这时候，成功的满足感反而成了扼杀未来的一剂“毒药”。

所有人生道理的背后，都离不开诸多经历与教训。张一鸣如是，凡客创始人陈年也是如此。曾经的凡客，公司价值高达600亿元，员工更是多达10000多人，堪称火得一塌糊涂。不出几年的时间，凡客却兵败如山倒，不可避免地转向连连亏损的局面。

凡客的失败纵然脱离不开种种现实原因，但也与陈年被表面的繁荣所迷惑、缺乏自省意识息息相关。陈年一回想当初便悔之不及：“那时，我自己也陶醉在这种热闹中，把所有精力都放在怎么管理这一万多人上，却不知道公司真正要管理的应该是价值。”

2013 年的一次饭局上，小米创始人雷军曾直言不讳地点出：“凡客这种盲目扩张是上个时代的做法。”他劝说陈年放弃当下骄傲自满的心态，停止这种盲目扩张，做到专注用户、稳扎稳打。遗憾的是，当时的陈年并不太能听得进去。直到凡客的危机逐一爆发，陈年才从虚幻的热闹中惊醒。痛彻心扉下，他甚至撰文反思凡客的失败。

人一得意便容易忘形，得了志便越发骄横。上溯历史，下至现实生活，这种现象司空见惯。在骄傲自满、急功近利的世风中，那些真诚的反省之声逐渐被淹没。可是，缺乏反省意识的人，要么很难成功，要么即使一时成功也守不住，很容易转胜为败。

在稻盛和夫看来，地位越高的人，越忙越要抽时间反省，而反省是“成功方程式”中必不可缺的重要一环。不会反省，不从他人和自己的失败中吸取教训，反而沉溺于眼前的繁荣与热闹，失败的历史只会反复重演，人生便始终在原地踏步。

张一鸣始终将这句话挂在嘴边：“创业要经常自省，避免自我强化和催眠。”想要走上人生巅峰，我们就要一边努力向前奔跑，一边反省过往的言行是否偏离了轨道。这并不是简单的自我否定，而是一种对自我负责的人生态度，是一种积极进取的境界。

7 感谢批评，今日头条在批评中成长

2014 年，随着今日头条发展势头越来越迅猛，一些批评的声音也随之响起。尽管外界批评的声音一浪高过一浪，张一鸣却始终保持沉默。事后，他公开称：“感谢批评。”

2015 年，《成都商报》对张一鸣进行了一场采访。记者问道：“在去年 6 月，你个人和今日头条都经历了一个非凡的月份。一是融资、身价，二是版权、官司。在那个月里你都想了些什么，做了些什么？现在回头看，那是始料未及的吗？”

张一鸣语音沉静：“一年前我们经历过一次高频度曝光，有很多人批评我们，另外也让更多的人知道我们、了解我们、理解我们，支持我们，并和我们合作。”

在他看来，那些批评的声音虽然对他造成了一些困扰，某种程度上却也增加了今日头条的曝光率，让它变得更广为人知，也为它带来了一些发展的机遇，这反而是一件好事。如今，今日头条已经成长为一个实力强健的平台，这与之前那些批评的声音不无关系。

张一鸣说：“再回看去年 6 月，尽管有些意见是建立在不了解我们的基础之上，但也有些是中肯善意而且应该认真对待的，我们都耐心地倾听，并努力改善我们的服务，做更多说明工作。所以，回头看，感谢当年的那些批评者，因为那些批评，让我们投入更多的力量，帮助内容生产者最快地找到自己的用户，我们未来还会开放更多工具协助内容生产者，比如广告。我们很清楚，只有帮到大家，才能帮到自己。”

创业路上，我们常常会听到很多刺耳的声音。有的创业者一听到批评与质疑的声音就产生抵触的情绪，表现得很是激动。之所以有这样的反应，无非觉得面子上过不去。

然而，很多成功的创业者面对批评的态度却无比豁达而大度。在他们看来，批评是一种宝贵的支持。马云曾说，被指点、被批评是一件好事。雷军也强调，他很感谢批评，这些声音让小米理智成长。不妨学习这些创业偶像，当别人指出你的错误和缺点时，放下所谓的“自尊”。耐心倾听他人给予的反馈，仔细考虑外界提出的意见，及时修正错误。

没有一条完美的创业之路。无论你做得多好，也无法满足所有人的需求。面对批评，不妨包容一点，哪怕你已经做得足够好，也要积极听取各方意见。

聪明的创业者反而会着重听取那些反对的声音，从中观察自己的企业还存在哪些不足之处。“兼听则明”，这是让创业的成果变得更好、更圆满的有效途径之一。华为总裁任正非在 2015 年的一场讲话中强调，华为想要获得持续成功，就绝不能放弃三个要素，而第一点就是“必须有一个坚强、有力的领导集团，这个核心集团，必须听得进去批评”。一路走来，任正非从来不惧批评，反而视它为成长的动力。

2019 年，在华为遭受美国持续打压的情况下，任正非接受了国内媒体的采访。采访中，他特意提到，对于外界的批评与骂声，只要对方说得有理，他都会虚心接受。

任正非表示，哪怕内部员工在网上开帖子骂公司，华为也不会想方设法地去封贴。他首先要看对方骂得怎么样、有没有理，如果骂得很对，高层会对该员工前三年业绩展开调查；如果业绩还不错，就将他调到公司秘书处进行培养，然后下放重用。

任正非认为，像这样敢于批评公司、批评领导者的员工是一颗颇具潜力的种子，给他足够的土壤、营养，就能发芽、生长，成为领袖，最后成为推动公司发展的骨干力量。

理性的创业者哪怕被批评与质疑的声音所围绕，也能很好地管控住自己的情绪。他们将批评当成一种“信息”，而不是“评价”。哪怕这些声音再嘈杂、再难听，他们也能理智地告诉自己：“他们只是在给我提供信息而已，并不是我的敌人。”

创业路上，对于外界传达的信息，正确的做法是不带情绪地审核，并展开判断：有用，就虚心接受；没用，就过滤出去。理智地去思考与辨析，才不至于迷失方向。

此外，面对批评，创业者不要偏移目标，也不要将宝贵的时间都花在为产品或企业辩解上。只需尽量做好当下的工作，用行动和事实来向这些质疑者与批评者证明即可。

一些创业者一旦听到别人批评自己，立马就对自己产生了怀疑，接着失落沮丧，日渐消沉，做什么都打不起精神。这样下去，注定会一事无成。若想要创下一番令人刮目相看的事业，创业者就一定要让自己变得更开阔、坚韧一点，凡事迎难而上，越挫越勇，淡定面对批评。

8 保持自己的节奏，不关心不可控的因素

张一鸣说，追求梦想的过程中，不要随意改变自己的速度进程，不因别人的巨大成功而眼红心热；也不要被突如其来的危机打乱了节奏，持之以恒地朝着预定的大方向行进，不骄不躁，砥砺前行。唯有这样，我们才有希望收获一份理想生活。

当初张一鸣选择去天津上大学，当年轻的他背着行囊走出火车站时，一股失望感油然而生。在他的想象中，天津应该是个“滨海大都市”，美丽、整洁、繁华，而眼前的景象与他的想象明显有着不小的落差。而在去往学校的路上，张一鸣的心情渐渐平静下来。

在“远离繁华”的学府，张一鸣说他“慢慢地从安静朴素的校园和踏实努力的氛围中找到了自己的节奏”。从那以后，无论外界有多繁华、热闹，张一鸣都沉浸在自己的节奏里，不急不缓，满怀赤诚。创业以来，他也一直保持着这样的行事作风。

比如说，2017 年，快手迅猛发展，日活达到 4000 万，而同期的抖音却只有几十万日活。下属们都急了，生怕抖音会被挤压出短视频市场，再无能力与其他竞争对手们一较高下。情况如此紧急，张一鸣却岿然不动，他决定按照先前的部署将这局“棋”下下去。

抖音按照自己的节奏匀速向前发展，突然有一天开始以一日千里的速度飙升，很快便追上了快手。2018 年 2 月，抖音日活量增长了近

3000 万。6 月，抖音宣布其日活用户突破 1.5 亿。对此，网友们感慨道：“谁能想到抖音能将快手挤下短视频头把交椅的位置……”

当危机出现时，张一鸣依旧能沉得住气。2014 年，他曾接受一位商业作家的采访，对方提到刚刚发生的今日头条版权风波，并问张一鸣此次事件是不是一次挫折。

张一鸣却沉稳回答道：“是挫折，但从另外一个意义上来说也是成长路上的必经之路，总体而言利大于弊。”对方又问：“当那么多媒体找上门来，您恐慌过吗？”

张一鸣坦言，他不恐慌，只是有一点小小的紧张。对方抛出最后一个问题：“如何与大公司竞争？”张一鸣说：“与巨头竞争，最重要的是不要恐慌。保持自己的节奏，不要关心你不可控制的因素。”他不卑不亢、不骄不躁的态度引起在场所有人的好评。

创业，最重要的就是找到属于自己的节奏和方向。总结那些在激烈的市场竞争中始终屹立不倒的创业公司的共同点，你会发现，这些企业的创始人像极了一个演奏的高手。他们在前进的过程中牢牢把控着创业节奏，而且总能在一些关键性的节点上做出正确的决定。

而一些失败的创业者，也都有着相近的心路历程：创业路上好似乱了节拍，正因太过于心浮气躁，才会在关键节点上做错决定，最终获得一个满盘皆输的结局。

“大姨妈”创始人柴可曾与公众分享自己的创业心得。他强调说：“创业不能因为环境浮躁或者资本推动，就丧失自己的节奏。跟着走最容易‘打死结’。”

何为“打死结”？柴可举了两个例子。第一个例子与他的父亲有关。他的父亲是做药的，当时市场上出现了一种化学合成的天麻素，对价格昂贵的天麻粉造成了严重威胁。绝大多数药厂这时都乱了节奏，纷纷将人工种植的天麻粉替换为化学合成的天麻素。只有柴可的父亲坚持不改原料，亏钱卖药。结果销售商和顾客因此对公司信心爆棚，公司发展从此进入正轨。

第二个例子与柴可自己有关。2014 年创业环境很好，资金充足。几乎所有的创业公司都在烧钱做推广。柴可却始终坚守自己的创业节奏，硬性要求团队在尽量少花钱的前提下做好推广工作。团队成员因此想出了不少好主意，逐步做大了项目流量。

创业是一件九死一生的事，一味迎合大众节奏反而很难获得好的效果。无论外界情况如何，都要守住自己的节奏。哪怕慢一点，也好过手忙脚乱地跟风，最后迷失方向。那么，创业旅途中如何找到自己的节奏呢？最重要的是，你要找到最适合自己的速度。

王石曾和几名朋友一起去登山。其中一位朋友一开始遥遥领先，王石则落后很远。到最后，王石反而早早到达山顶。朋友疑惑不解，王石说："其实走路不简单，你学会走路，就学会了如何做企业、如何生活。"他解释说："走好路的关键就是不要去理会别人走得快还是慢，关键是你要找到自己的节奏，你要感觉哪个节奏你最舒服，那就是最好的速度。"

见过太多的创业者因为一时的收益去打乱自己的节奏。殊不知，创业路上所有的超越都是暂时的。创业者唯有坚守节奏，不被外界不可控的因素扰乱心绪，才能立于不败之地。

9 管理不能做“老好人”

很多创业者都有一种“老好人”心态，下属犯了错误，总是含含糊糊不做处理，一味偏袒；员工工作拖延，也不按规定处罚；员工工作绩效老是不达标，工作态度也存在极大的问题，却总也下不了决心让其离职……久而久之，其他同事的工作积极性每况愈下。

张一鸣曾百般强调，好的创业者，不可能是一个“老好人”。他应该将自己变成一名“园丁”，对下属不光要“施肥”“浇水”，该有的关心、爱护必不可少，更重要的是，他还要懂得“修剪”自己的下属。如果只顾当“老好人”，就是对公司发展极大的不负责任。

在 2017 年的一次交流活动中，有人问张一鸣：“因公司快速发展而导致部分人才掉队的情况应如何处理？”张一鸣脱口而出：“调整。”

他直言：“要么对人进行调岗，要么在不得已的情况下只能让他离职。而遇到这种情况我们会‘摊开了说’，不要执着于远近亲疏、先来后到，要对事不对人。千万不要做‘老好人’，拖得越久反而会对人产生更加负面的影响。”

创业之路上，为什么存在那么多“好老人”式管理者？有的人害怕坚持原则会得罪“大 boss”，对自己的前途造成影响；有的人怕过于严厉会得罪下属，从而败坏了人缘，失去众人的拥护；有的人担心自己一味就事论事会得罪各部门负责人，从此被排挤、孤立。

于是，他们对于各部门存在的问题总是睁一只眼闭一只眼，既不敢向“大 boss”谏言，只唯唯诺诺地附和；也不愿意挑战其他部门负责人的权威，哪怕对方行为失当。这让公司的规章制度形同虚设，对整个公司的工作氛围也会产生极大的负面影响。

当员工犯了错误，或者工作绩效不达标的时候，“老好人”们不想冒着得罪人的风险，去指出员工的错误，批评员工不合理的行为，甚至在对方不改变的情况下果断辞退这名员工。久而久之，团队的战斗力和凝聚力就会被蛀空、瓦解。

“好老人”们总有着如下特质：明哲保身，不遵原则，而又缺乏正气。然而，这种谁也不愿意得罪的创业者很难得到投资人的青睐。即使一时成功，也无法长久。对于创业者来说，总扮演“老好人”的角色，注定无法带领企业走向辉煌。

创业者必须重视用人之道，用对了，能激发团队的无限潜能。所有人各守其职，权责明确，彼此不越界。能力强的人更快得到提拔。能力弱的人先给予其成长的空间，或将其调整到合适的岗位上；如果确实无法达到公司的要求，只能毫不留情地让其离职。像张一鸣所说的那样，凡事“摊开了说”，公事公办，无论对于强者还是弱者而言，都很公平。

Facebook 创始人扎克伯格的原则性就很强。2018 年，《纽约时报》发布一则调查报道，称 Facebook 对俄罗斯的“影响力渗透”应对不当。这件事引发轩然大波，扎克伯格立马召开员工会议。他表示《纽约时报》是在歪曲事实，那些报道“根本不是真的”。

另外，扎克伯格表示他不会顾及旧日情面，一定会及时解雇那些向外界媒体泄露公司机密的员工。一些工作努力、忠贞的员工听到他严肃认真的发言，不由得鼓起掌来。

“红衣教主”周鸿祎也不畏惧扮演此类“铁面包公”的形象。2018 年，他曾在微博上发言：“公司部门领导和人力资源部门要定期清理‘小白兔’员工，否则就会发生‘死海效应’。”

周鸿祎的意思是，当公司发展到一定阶段时，能力强的员工接连离职成为一种常见的现象，因为“他们对公司内愚蠢的行为的容忍度不高”，而且这样的员工也容易找到好工作。而对于一些能力差、工作态度一般的员工来说，他们更倾向于待在一个岗位上变成“老油条”。

虽然这样的员工得过且过，每天都在混日子，但只要待的年头够久，一些人极有可能会被升为中高层。周鸿祎说：“这种现象叫‘死海效应’；好员工像死海的水一样蒸发掉，然后死海盐度就变得很高，正常生物不容易存活。”他强调说，360 是一家注重创新的公司，面对那些能力差、德不配位的员工，他不会“心慈手软”，一定会及时将其淘汰。

创业者应该是“好人”，而不是“老好人”。“好人”指的是能勇敢地担负责任，并且永远不怕得罪别人，这样才能帮助员工进步，帮助企业走上正轨。而“老好人”只在意表面上的和谐，凡事不讲原则，最终结果只会是害人害己。

当然，身为创业者，我们也没必要天天板起面孔，不苟言笑。这样只会非但无法树立威信，反而会让他人不自觉地想要远离你。没事多笑笑，让下属松弛紧绷的心情。多与下属沟通、交流，塑造自己亲和、平易近人的形象。同时，在弹性处理各种状况的同时，狠抓制度与规则，遇到原则问题绝不姑息，这样才能称得上是一个合格的创业者。

10 逆境中这样带团队

2019 年 1 月 29 日，今日头条的员工再一次迎来了收红包的日子。然而，据说今日头条 2019 年发放给员工的特别红包相比去年“瘪”了不少。

那天中午，张一鸣向全体员工发放了一封内部信，他在信中解释道：“2018 年大家一起经历和付出了很多，所以我们仍然发普惠的红包，但是金额会比之前小很多。请大家理解，不要失望，保持积极心态继续努力。”张一鸣又表示接下来会调整考核和激励制度。

张一鸣回顾了过往的经历：2016 年、2017 年今日头条发展迅速，业绩连续超越预期，所以这两年春节前都向员工发放了数额不菲的奖金和特别红包，作为庆祝和鼓励。2018 年却是有喜有忧、有危有机的一年，虽然也取得了一些成绩，但在激烈的行业竞争下，今日头条取得的成绩确实不如预期，而且内部管理、决策、执行的失误和不足也带来了一些损失。

每逢面临艰难，张一鸣始终能保持平稳心态。这一次，也不例外。他铿锵有力道：“2019 年，外部环境更加困难、复杂、动荡，我们面临的挑战非常大。这要求我们始终创业，更好地实践字节范，同时要在逆境中去肥增瘦、穿越周期、脱颖而出。”

熟知西方金融学的人应该也听过“均值回归”原则，而我们中国古代一直存有“否极泰来”一说。这其实都体现了一个周期性思维。经济学家说，无论是人、产业还是社会，理论上都会经历一个起伏周期。每逢逆境来临，有人迷茫、焦虑、恐惧，乃至于半途而废，可另一些站得高看得远的人却能轻易地穿越周期，笑到最后。

相关研究报告指出，从 2014 年到 2018 年，我国经济有起有伏，经历过一轮完整的经济周期。比如，2014 年年初，经济出现下行苗头，且速度越来越快。这预示着经济将进入衰退阶段。而到了 2016 年，随着各行各业持续回暖，经济逐步进入复苏阶段。2017 年年初，随着政策收紧，宏观上的经济增速变得不再那么明显，慢慢由过热阶段转入滞胀阶段。到了 2018 年，GDP 增速下滑，揭示经济将重新进入衰退阶段。

对于创业者而言，深入体察经济周期，做到顺势而为，几乎能决定创业的结局。张一鸣深谙此点。当年他从南开大学毕业时，并没有同其他同学一样，忙着去大公司入职，而是张罗着创业。只因他敏锐地察觉到，彼时国内互联网市场持续复苏，形势一片大好，这表示创业时机已成熟。果然，他抓住了这一波风口，实现了从程序员到 CEO 华丽转身。

到了 2019 年，外界大环境不如预期。面对逆境，张一鸣再一次顺势而为，他收起以往的激进做派，将红包数额下调，并表示要“去肥增瘦”，更加谨慎、努力地前行。

雷军也一直提倡要顺势而为，在他看来，不同时机要采取不同的应对方式，顺势而为才能穿越周期，逆势而上只会迎来惨痛的打击。1996 年，国内互联网创业的“战火”四处蔓延，彼时的金山因未及时转型，行业老大的地位受到冲击。后又加上微软及盗版软件的双层夹击，金山一度摇摇欲坠。可惜的是，27 岁的雷军还未看清什么是顺势而为。

他不愿追随其他互联网创业者的脚步去开拓新的领域，反而将金山内部所有的优秀人才聚集在一起，集中资源开发 WPS。这一决策几乎压得金山喘不过气来。雷军后来回忆说，那时就像背了一个巨大的包袱跋涉在长征的道路上。这一教训如此惨痛，所以后来雷军做小米时反复强调要顺势而为，尤其是在遭遇逆境的时候，更要依据趋势调整策略和方向。

想要穿越周期，更要做到有始有终。张一鸣曾说："创业就像一段旅程，我们一起去看最美好的风景，不要在半途逗留徘徊。"一个穿越过周期的人，看事物的角度会变得更加复杂、立体。他不再关注事件和现象，却善于抽丝剥茧地分析事情发展的脉络。

经历过完整的周期性行为的人，哪怕这一次走向了失败，等到下一个周期来临时，也有了更多机会去提前布局。他们面对逆境的反应能力也会变得更迅速，心态也更自信、平稳。

亚马逊的创始人兼 CEO 杰夫·贝索斯有一个观点："要把资源 all-in（全部投入）在不变的事情上。"张一鸣深表赞同。在他看来，创业想要穿越周期，走过逆境，就一定要执着于"不变的事情"。有什么东西永远不变？莫过于"产品价值""以客户为中心"，等等。

所以，2019 年，张一鸣强调全体员工还得全情投入、精磨产品，并始终将客户的需求放在第一位，无论外部环境有多复杂艰难，都要发扬艰苦奋斗的精神。这与华为的三条核心价值观不谋而合：以客户为中心、以奋斗者为本、长期坚持艰苦奋斗。

现实中拥有周期性思维的人少之又少。大多数人创业都是中途插入，很快又半途而废。可唯有完整地走过起点与终点，才能获得梦寐以求的长久和稳定。

11 公司制度并非越细越好

前几年，某互联网公司的《考勤管理规定》火遍朋友圈。其细致入微的规定引发了大批网友的吐槽，有人说："为什么员工出门办事前必须填写详细的外出单，还得找总经理签名？而且外出公干必须回公司打卡，凡事定得这么'死'、这么细，也太影响效率了吧！"还有人说："员工请客吃饭先得上交一份申请单，并去人力资源部门备案，一一核实清楚后才给批，这种管理方式看起来很有道理，实则会成为公司发展的'拦路石'。"

其实，张一鸣很早就意识到了这个问题。在他看来，制度永远只能是辅助。为了促进管理效率，便异想天开地将制度定得详细具体、"无微不至"，可能会起到反效果。

2016 年度码会上，张一鸣曾围绕业务扩展、人才引进等问题发表了一场演讲。他提到，Netflix 有一个著名的《Culture & Values》PPT，其中有一个分析。公司初创阶段，一般业务不太复杂，因为最早公司只做产品和技术。但随着公司逐步向前发展，业务开始变得越来越复杂，招聘的员工也越来越多。当人才队伍被稀释时，混乱就出现了。

怎么解决呢？很多人提议"定好流程，写规则，出制度"。可是，因为太过重视流程和制度，并将条条框框都定得很细，原本很快就能办好的一件事突然变得烦琐复杂起来。

张一鸣表示，通过增加流程、细化制度来防止出乱子、出问题，只能解决眼前的问题，却不利于公司的长期发展。他解释说：“从制定规则的部门角度来讲，为了少出问题，肯定让流程和规则越细越好，但这会导致弱化很多最优解的可能。因为我们面对的情况可能是弹性、灵活的。如果有很多限制，员工就会不想去找最优解。尤其当行业出现重大变化，公司不能靠惯性前进的时候，累积的规则流程制度是特别大的问题。”

企业制定规章制度是为了规范员工行为，促进公司内部运行。然而，烦琐、细致的条文条规却会束缚员工的手脚，令其做事的灵活度大大下降。久而久之，整个公司的运行机制会变得十分僵化、陈腐。而且，环境能起到影响、塑造一个人的作用。创建企业制度时如果不够尊重人心、人性，或与企业文化背道而驰，不可能收获预期中的执行效果。

依赖制度去约束人，不妨先建立健康、高效、自由的企业文化，如此才能凝聚人心。这种情况下，制度越灵活、简单越好。这正符合“大道至简”的道理。

如果企业文化做得不好，员工缺乏凝聚力，管理者只得制定复杂的条条框框去规范员工行为。然而，制度制定得越细，员工越容易“犯规”。最后甚至演变成了一种“为建制度而建制度”的畸形模式，员工们的工作积极性自然是每况愈下。

字节跳动的工作强度虽然不小，很多员工却自称甘之如饴。原因在于字节跳动的文化氛围和工作氛围很是自由、宽泛。有个员工说，有一次，他 9 点多吃完早饭来到公司，公司里大部分员工还未上岗，基本上 10 点半左右才陆陆续续到齐。很多员工带抱枕去公司，吃完午饭都会抱着抱枕趴着睡会。有些员工等到休息够了再开始上班。

如此人性化的管理方式，反而能激发员工最大的工作热情。而且，在张一鸣的调度下，字节跳动各部门砍去了很多不必要的规则和审批。张一鸣说：“我们希望规则非常简单，不允许有长达几页纸，非常难执行的规定。”和字节跳动一样，很多创新型互联网企业都顺应时代潮流，大刀阔斧地砍去了一些“繁文缛节”，尊重员工的个性化发展。

比如马云领衔的阿里巴巴。在阿里，绝大多数部门员工上班从来无须打卡。只要保质保量地完成了工作任务，迟到早退也不算违反规定。而且，移动办公在阿里变成一件很常见的事情，员工们不必整天坐在工位上，只要舒服和开心，他们可以选择在任何地方办公。

简而言之，对于一家企业来说，如果大大小小的事情都用制度来框定，无疑会让员工背负上沉重的思想负担，甚至扼杀他们的创新能力。制度定得太多太细，非但无法提高企业的管理效率和运营效益，反而会在无形中增加管理成本，影响企业发展。

其实，企业制度是企业文化的产物。创建制度时，除了要与企业文化相匹配，还要做到与时俱进。随着时代发展，有关细则该增的增，该删的删；管理时该紧的紧，该松的松。

除此外，更要把握好两个方向：其一，创建制度时要严谨，执行时也要严格，做到“铁面无私”。但是，“严”和“细”是两个概念，制度粗放不细致，不代表它不严谨。拿字节跳动来说，公司制度相对宽松灵活，但在工作上，张一鸣对公司员工的要求很严格。“我的风格就是对基础和重要的事情一定要做好，工作要求很高。”张一鸣如是说。其二，制度制定一定要符合企业运营的真实情况，与员工利益相关，做到贴合实际。

其实，公司岗位职责、员工权责范围等都应该定得越细致越好，这能避免很多麻烦。但很多其他方面的规章制度并非越细越好，只要做到删繁就简，贴合实际即可。

第九章

精 进

不设边界 快速成长

张一鸣说他“做事从不设边界”。作为创业者，这句话代表着张一鸣以及其所带领企业的精进精神。这体现在：他紧跟时代步伐，不断创新；带领的企业从不局限于国内市场，不断向国际市场挺近；永远保持对成功的渴望，做到“始终创业”；找准市场机会，领先半步看到蓝海；要力求快速迭代，不断接近完美状态；要勇于走出“舒适圈”，不断突破自我；要摆脱低水平竞争，做创造价值的事。

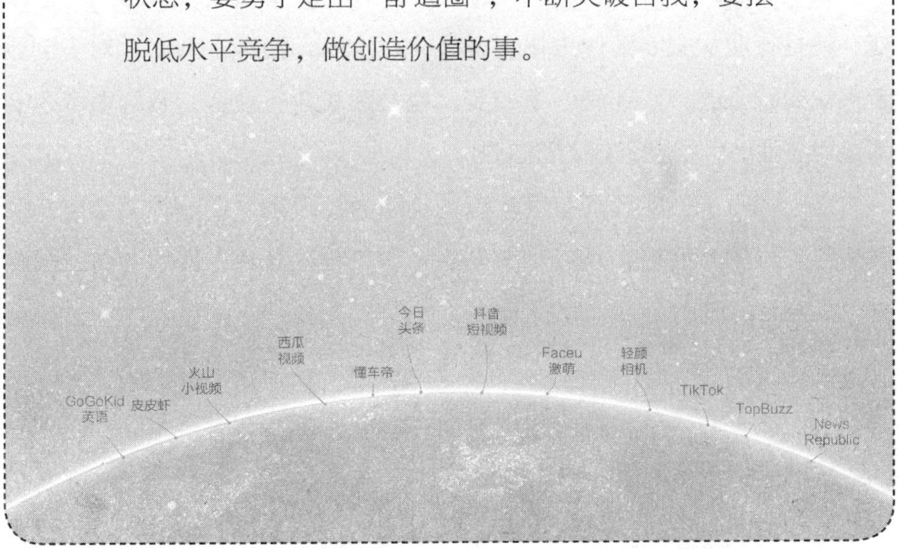

1 紧跟时代步伐，不断创新

张一鸣说，一个卓越的创业者，必须紧跟时代步伐。移动互联网时代的发展堪称日新月异，层出不穷的新鲜事物必然会对老旧制度产生强烈冲击。这时候，只有勇于创新，敢于颠覆既往的路，才不至于脱离时代轨道，失去向前发展的机会。

2017 年，张一鸣与 GGV（纪源资本）管理合伙人童士豪就围绕着“变革 – 创新的原力”等话题进行了深入交流。其间，童士豪问道：“原来做头条的，怎么会转去做社交呢？”

张一鸣坦诚道：“除了你刚才说的因为产品而改变，还要因为行业改变，就是行业从文字图片进化到视频，从 ODC 进化到 UGC，对于创业者来说要跟上时代。还有一个改变，也是跟着业务改变。我的很多改变都是为了业务，被业务推着改变的。”

张一鸣对于时代风潮有着敏锐的判断力，否则当初他也不会离开发展势头良好的九九房，从无到有创建了字节跳动公司。而他的勇气与魄力也得到了时间给予的丰厚回报。

近几年，张一鸣越发注重企业的创新精神。他曾说，自己最想要打造的是一家具有平台属性的科技公司，而想要“成为平台属性的科技公司，应该以创新承担更多的责任。”

他介绍说，今日头条能够通过信息连接内容，如今已具备平台属性。

在这个基础上，他们发挥科技的优势，进一步创新，并成功实现了连接读者和创作者的目标。比如，今日头条曾和甘肃省网信办一起合作举办了一场“山货上头条”的活动。

甘肃利用今日头条的平台将很多特色农产品通过直播的方式介绍给头条的读者。结果，短短 24 小时内，当地农产品的销量飙升四倍。很多人通过头条视频直播见识到了甘肃的特色产品。谈起这些创新举措，张一鸣话里行间流露出浓浓的满足感。

创造力，堪称一个企业的灵魂。作为企业掌舵者，如果陶醉于过往的成就，漠视时代的发展，终有一天会被淘汰。只有密切关注世界的变化，勇于变通，以创新为尊，才能在激烈的竞争中始终立于不败之地。拿“技术狂人”张一鸣来说，他不只沉迷于技术创新，对于企业的体制创新、管理模式创新等也很热衷。面对变化的时候，他很少犹豫不决。

可以说，凡是成功的企业家，都不乏创新精神。比如苏宁董事长张近东。1990 年，27 岁的张近东在南京成立了苏宁交家电有限公司，专营空调业务。彼时，改革开放的风潮虽然已席卷全国各地，但很多人却因观念陈旧总也跟不上时代的脚步。

张近东显然不是这样的人。他坚定地认为，虽然空调在当时属于“奢侈品”，但在当前特定的时代下，明明是供不应求的卖方市场。为了提高产品销量，他创造性地提出“淡季订货、反季节打款”的新模式。结果这种模式一推入市场便大获成功。

后来，张近东又对“空调服务”提出改革。20 世纪 90 年代初，空调行业“重视销售、轻视服务”。然而，张近东意识到，随着时代发展，人们对于家电售后服务的要求只会越来越高。而且，空调出售时只是一个半成品，最少不了的是后期配送、安装、保养等环节。

在他的努力下，苏宁很快创建起一支上百人的专业自营服务队伍，这在整个家电行业都是前所未见的。苏宁这个品牌因此深入人心，对国内零售行业的发展意义深远。

2000 年，张近东针对市场形势再一次做出判断：随着改革进程的加深，消费者需求将呈井喷式增长。张近东第一时间做出反应，他果断砍掉苏宁近五成的批发业务，意图向综合电器连锁零售转型。沿循这一模式，苏宁门店像初绽的鲜花般开遍全国各地。

2009 年张近东决定转型互联网，这是他紧跟时代步伐的又一个有力例证。布局两年后，他带领团队铿锵有力地喊出“再造苏宁”的口号。苏宁转战互联网零售，开启了第三次创业之旅。回望苏宁的发展历程，我们会发现，它以高效的创新始终占据着行业的领先地位。

当一个企业从不抗拒新思想，乐于接受新风潮，它便是一个创造力满满的企业。若习惯了既往的轨道，习惯了沉闷、毫无活力的步伐，迟早会被时代无情地抛弃。

拿诺基亚来说，有业内人士评点道，当初诺基亚端着一颗“行业老大”的骄矜心态，无视行业发展，却一味固守传统思维，并采取封闭策略，这才步步坠入深渊。

历史滚滚向前，任谁也无法阻挡时代的进步，而旧的终究要被新的所取代。新时代意味着更多的压力和挑战，也意味着更多的机遇。只因机遇往往蕴藏在巨大的变化里。

具有远见卓识的人总能以饱满激昂的生命力从容应对时代的冲击。他们着眼时代的浪头，紧跟时代的步伐，积极求变，主动创新，于是顺利地走入光明的未来。

2 持续学习进化，是创业者最高级的能力

张一鸣身上最让人感动的地方在于，无论何时何地，他都不会放弃学习和思考。而他强大而杰出的学习能力令很多人欣赏不已。2008 年的张一鸣只是饭否科技公司的一名普通工程师。他利用业余时间将 Alexa 排名前 1000 的网站通通看了一遍，并耐心统计网站类型、经营模式，之后，他将所有数据整理成多张表格，一有空就拿出来研究。

最让他关心的一个问题是，哪些处于上升趋势的网站国内还未出现。他还对一些人的失败经验很感兴趣，经常一个人抱头思考：那些人都很聪明，为什么没有成功？

2012 年，张一鸣创办字节跳动时，将微博上所有高热度、高流量的大号挨个研究透彻。包括对 App Store 排名靠前的应用，他会仔细分析它们的经营模式，技术上有哪些先进的地方等。正因他强大的学习能力，不久他便率领众人做出了很多极具竞争力的产品。

极客公园的创始人张鹏与很多成功创业者关系都很熟，在他看来，在这一批人中，张一鸣的学习升级能力排得上前几位。极客公园每年都会组织一次创新产品的评比大会，张一鸣会号召手下员工将榜单上的产品逐一梳理一遍，学习人家的优势，寻找启发。

2014 年 6 月，极客公园组织创业者们前往深圳，目的是参观、学习当地的硬件专业。这次活动恰好赶上端午节假期，张鹏想要邀请张一鸣，

又觉得会耽误人家休息，很不好意思。最后张鹏尝试着给张一鸣发了个短信：“你有时间去吗？”

没想到张一鸣对这件事情特别热衷，他回复说：“这挺好，不占用工作时间，这事我要去。”这件事给张鹏留下了深刻的印象，他评价说：“吸引他的不是什么奢华的东西，而是有一个没见过的事、觉得很前沿的事情，他其实就会特别兴奋。”

而张一鸣对自己的评价是“重度信息获取症患者”。一次采访中，曾任职于《南方周末》的林楚方得知，张一鸣很小时候便是《南方周末》的忠实读者。的确，张一鸣从小就喜欢看书学习，他涉猎广泛，除了《南方周末》，还喜欢看《南风窗》《杂文选刊》《小说月报》等散文、小说，包括《计算机世界》《电脑爱好者》《计算机教育报》等专业书刊。

哪怕后来创下一番傲人成就，张一鸣也会持续不断去认识、学习外界层出不穷的新事物、新知识、新技能。他知道，只有这样，他才能不断进化，才能让字节跳动延续辉煌。

李笑来在《财富自由之路》中这样写道：“成长的方法是什么？答案只有一个——学习。人类之所以能够进步，能够成长，就是因为人类具有学习能力，我把‘学习’‘进步’和‘成长’统一称为‘进化’。”想要不断“进化”成梦想中的自己，就不能停止学习。

好比微信从第一次上线至今，整整经历了上百次的更新、迭代，产品性能才变得越来越稳定、优越。无论微软 XP 系统曾经有多么受人欢迎，还是被最新一代的 Win10 所取代。这其实是时代发展的必然，我们只有不断向前奔跑，才能跟得上时代的脚步。

创业者的生活几乎都是围绕着创业活动来进行的。从正规学校教育中学习得到的知识和技能远远不能满足创业活动的需求，创业者若缺少了足够的知识储备，就很难取得事业上的进展。所以，但凡有追求的创业者都会保持终身学习的习惯，而非满足于现状。

持续学习进化，有利于创业者始终保持并不断提升自我的核心竞争力。创业的现实性与残酷性在于企业或产品的竞争性优势随时可能随着技术革新及竞争者的出现而消逝。

对于创业者而言，挑战是永恒的。从计划创业开始，创业者只有不断补充和吸纳新的知识，积极提升专业品质与素养，才有能力与信心去面对各种竞争与考验。

创业者保持终生学习的好习惯，还有助于提升自我组织管理的能力。创业者的管理活动贯穿于企业运行过程中的每一个环节。一旦外界环境发生变化，原先的组织管理方式便很难适应当下的需要。创业者为了适应这种变化，只有不断地更新脑海中的思维和认知。

创业所需的知识是综合的，这决定了创业者必须坚持终身学习的理念。只有这样才能逐步优化、丰富创业者的知识结构，扩宽其思维能力，增强其心理素质。

很多年轻人抱怨创业机会少。经验丰富的创业者却深知，唯有持续学习进化，才能练就一双发现机遇的眼睛。前提是，我们不能把学习当成一种负担，反而要享受学习过程中的种种挑战。如此，才能一次又一次地抓住创业的契机，成功实现逆袭。

3 保持好奇心，做事不设边界

张一鸣曾这样评价王兴：“王兴好奇心强，阅读面广，对各种奇怪的问题感兴趣。”对于王兴的好奇心强的特质，张一鸣推崇不已。在他看来，这是创业者必备素质之一。

张一鸣说，优秀的年轻人永远对世界满怀好奇，他们从不给自己的人生设限。而年轻人一旦失去了好奇心，也就失去了和外界新兴事物对接的机会，离被淘汰不远了。

有一次，张一鸣谈起一位前同事，他略带遗憾地说对方虽然理论基础很好，却缺乏足够的好奇心。前同事在公司待了一年多，每天做完上司下达的工作任务后就下班了，却很少花时间去了解网上的新技术、新工具。后来，他在工作上越来越依赖别的同事。每次他想要实现一个功能，就必须请人帮他做后半部分。因为凭他自己的能力，只能做前半部分。

对此，张一鸣评价道：“如果是有好奇心的人，前端、后端、算法都去掌握，至少有所了解的话，那么很多调试分析，自己一个人就可以做。”

张一鸣本身也是好奇心爆棚，做事从不设边界的代表。当初他在酷讯公司成为研发部的负责人后，他并未将自己的工作内容局限在技术层面上。有时候他会随着业务线的同事一起去拜访客户，细细观摩别人营销时的态度、谈判时的气势与技巧。公司产品和运营出现了问题，明明不关张一鸣的事，他却积极参与讨论，帮忙出点子、想方案。

有同事“好心”劝他：“张一鸣，这不是研发部门的事情，你没必要管那么多。”张一鸣听了笑一笑，不置一词。做事不设边界的作风让他的个人能力迅速提升。

酷讯的同事这样评价他：“当研发部的大部分人还在专注于如何写出更漂亮的代码时，张一鸣已经在产品、商业模式上都很懂了。他常常能讲出一些商业案例来，并且把别的公司为什么这样做、为什么不这样做分析得有理有据。”

张一鸣对技术的那份好奇心，促进了后来今日头条核心的信息分发算法的诞生。而他对跑业务、市场营销的那份好奇心，又帮助他在日后组建了一支“无坚不摧”的销售团队。他“额外”参加的那些关于产品和运营的工作，让他对产品完整的业务线运作流程了然于胸。

判断一个人是否拥有好奇心，可以从这些方面来观察：无论在哪个城市工作，活动范围仅局限于住的地方和公司；只做领导吩咐的事，其他一概不理；从不和别的部门的同事主动去交流，对行业内外部信息都不感兴趣；对周遭环境变化极其不敏感……

作家伊恩·莱斯利通过《好奇心》一书告诉我们，只有保持对未知世界的热情，才能实现自我的成熟与进步，实现灵魂的丰硕与充实。好奇心促使我们广泛涉猎、深入阅读、精准提问。更重要的是，拥有永不停息的好奇心的创业者，做事从不设边界。

他们不会将自己局限于小小范围里，脑海中仿佛充满了“十万个为什么”。好奇心令他们投入工作时的体验一再升级，变得丰富、美妙，这让他们更加享受做事的过程。

有人说，乔布斯之所以能创下如此耀眼的成就，一个很重要的原因在于，他拥有一份天生的、常人难以企及的好奇心。乔布斯作为一名企业家，关注的不仅仅是技术革新及商业的运转方式等。可以说，他对世上一切事物都很感兴趣，比如影响世界的包豪斯运动、垮掉派诗歌、神秘的东方哲学、消化系统的生物学原理以及鲍勃·迪伦的歌词，等等。

一位大学讲师提起乔布斯，给予了这样的评价："他有着强烈的求知欲……他拒绝全盘接收传递给他的信息，想要自己去一一验明。"乔布斯的好奇心对其事业发展起到了至关重要的作用，也令他成长为一位极富人格魅力的商业领袖。

创业的动力来自对未来的种种不确定性抱有好奇心。创业 40 余年，成功创立了 400 多家公司的"超级创业者"理查德·布兰森在其作品《维珍创业经》中揭露："创业成功的秘诀是永远保持孩童般的好奇心。"中国的创业偶像俞敏洪也说："成功创业者缺少不了好奇心。好奇心是一种内在的渴望，是对于世界上所发生的任何事情的追逐和了解。"

俞敏洪笑言，像他这样一个完全跟科技没有缘分的人，本该去哈佛、耶鲁大学读文学或者历史学。但他现在如果去美国一定是在洛杉矶、旧金山，一定会走进像硅谷、斯坦福一样的地方，并满怀兴趣地去寻找能改变世界的各种创业项目。"原因很简单，因为你如果没有这样的好奇心，你就会被这个时代所落下。"俞敏洪如是说。

拥有强烈好奇心的创业者始终保持着内心深处对未知世界的探索欲望及对新兴事物的开放态度，极其注重积累。这是他们能创下不凡事业的前提。而那些缺乏好奇心、做事习惯给自己设限的创业者，一开始可能过得很轻松，却难以取得更大的创业成就。

4 充满野心，从不局限于国内市场

多大的野心成就多大的事业。古往今来，凡建功立业者，无不受到野心的驱动。张一鸣若缺少野心，便无法令今日头条在国内市场站稳脚跟。如今，他又对海外市场“虎视眈眈”。

当一个胸怀大志的创业者毫无保留地释放出自己的野心时，便能成功摆脱眼前的束缚，“美丽新世界”也会徐徐展现在他面前。这份野心，终将伴他顺利到达成功的彼岸。

2018 年 3 月，张一鸣与清华大学经济管理学院院长进行了一场对谈。对谈中，他提出今日头条未来三年内的主要目标。张一鸣说，尽管今日头条的海外用户目前占比仅达到 10%，但他希望有一天公司能真正实现全球化，至少拥有 50% 的海外用户。

张一鸣的“野心”由来已久。早在 2017 年，今日头条已悄悄开展国际化脚步。那一年 10 月，张一鸣告诉 GGV 纪源资本管理合伙人童士豪，他最近在苦学英语，因为今日头条要做海外市场。童士豪感到很好奇，问他：“什么原因促使你去尝试海外市场？国内已经做得非常好了，也没有那么强的竞争对手，为什么你还想要去海外市场呢？”

张一鸣说，他之前和公司里做海外市场的产品经理聊天时发现，对方工作起来劲头十足，因为他们能接触到各种有意思的人和事。他说：“从个人生活方式来说，做海外是可以拓展我们的视野和体验的，让生活、让视野都更有意思。”

但更重要的是，张一鸣一直抱有一个野心，他希望“今日头条能做成一个全球性质的平台，像谷歌一样可以不设边界。”当初，是这份野心伴着他逐步征服了国内市场。现在，他也希望借由这份野心进军国际市场，将今日头条发展成令国人骄傲的国际化大平台。

他率领手下员工夜以继日地奋斗着，很快收获了回报。2018 年，今日头条成功将六款软件推向了海外市场，它们分别是资讯类平台 Topbuzz、短视频平台 Buzzvideo、海外版火山小视频 Hypstar、海外版悟空问答 BuzzQA、海外版百万英雄 Beat the Q 以及海外版抖音 Tik Tok。Tik Tok 自一推出便深受欢迎，Topbuzz 和 Buzzvideo 影响力也在逐步加深。

对于今天的社会来说，“野心”不再是一个贬义词。在野心的驱使下，不断去努力，这份体验可与阅读的过程相比拟。最初翻开一本书，之后读得越多越深入，你对自己的无知便认识得越深刻。于是你对读更多的书，拥有更多知识的渴望变得越来越迫切。

这份野心，促使你努力翻开更多的书页。就像完全不读书的人根本不知道什么叫作好书一样，缺少野心的人并非无欲无求，而是根本不知道什么样的生活才称得上无怨无悔。

对于创业者而言，缺乏野心，就好比失去了通往成功之路的阶梯。因为人若没有野心，就很难保持激情。可以说，成功的创业者都是“大野心家”。他们的灵魂大多开阔、有趣、激情四射。野心会成为他们思维活动的“驱动器”，靠着野心，他们最终成就了一段段惊艳传奇。

2018 年，华为强势进军美国市场。得知这一消息，华为企业的忠实粉丝们无不激动地握紧拳头：“太牛了！”早在 1994 年，任正非便喊出了一句狂言：“十年之后，世界通信制造业三分天下，必有华为一席！”他一早就在布局华为的全球化道路。

1996 年，华为正式拓展国际市场。任正非选择以潜力无限的俄罗斯通信市场作为国际战略的突破口。整整等待了 4 年，华为才将乌拉尔电信交换机和莫斯科 MTS 移动网络两大项目收入囊中。到 2011 年，华为在俄罗斯的投入初见回报。

2007 年，进入俄罗斯市场十年后，华为终于站稳了脚跟。但任正非的野心不止于此，他开始思考进入欧洲市场的办法，梦想从欧洲出发，融入世界。在他的部署下，华为放弃了过去的发展策略，通过联合开发和招投标双管齐下的方式，开启了一段新的旅程。

2010 年，亚洲、欧洲、美洲及非洲市场都出现了华为智能手机的身影，同年销售额达到 500 万台。到了 2011 年，华为智能手机发货量增长 3 倍，突破 2000 万台。

近些年来，华为在国际市场上捷报频传，根据市场研究公司 Counterpoint 的数据显示，2018 年第四季度，华为出货量大幅增长，并在俄罗斯市场首次击败三星获得第一。

根据市场机构 IDC 提供的数据，可知，2018 年华为手机的海外出货量达到 1.01 亿台，不仅在欧洲市场发展良好，之后荣耀手机还强势夺下印度智能手机市场的第 5 名。

可以说，是任正非的“野心”撑起了他的世界级梦想。他如此描述道：“在这样的时代，一个企业需要有全球性的战略眼光才能发愤图强；一个民族需要汲取全球性的精髓才能繁荣昌盛；一个公司需要建立全球性的商业生态系统才能生生不息。”

分析、对比创业公司的成功案例，你会发现：毫无野心的创业公司的成功概率远远小于那些在创业初期就志愿宏大、野心十足的公司。后者的野心往往表现在一个石破天惊的点子上，正是它催生了一出出头脑风暴和一段段令人向往不已的传奇创业史。当然，光有野心是不够的。创业者必须积极进取，耐心布局，努力让自己的实力配得上自己的野心。

5 永远保持对成功的渴望，“始终创业”

张一鸣曾说：“我们公司企业文化是始终创业，类似亚马逊的 Always Day 1。”尽管已经收获了巨大的成功，他却希望自己永远能够像第一天开始创业一样，保持对成功的渴望。而只有将这份渴望保持下去，才能让自己的想象力与创造力持续下去。

2012 年，农历大年初七。北京知春路上，大片店铺店门紧锁。那天十分寒冷，一家还未开始营业的咖啡馆里，张一鸣裹着大衣，和伙伴谈得热火朝天。

他在桌子上摊开一张餐巾纸，在上面写写画画。在伙伴眼里，那张窄窄薄薄的餐巾纸因为承托着张一鸣宏大的梦想而变得沉甸甸的，显得特别有分量。

其实，此时的张一鸣有着另外一个身份——九九房 CEO。曾几何时，作为九九房的掌舵人，他领着团队废寝忘食地奋斗，终于将公司扶上正轨。

九九房相继推出掌上租房、掌上买房等 5 款移动应用，都很受欢迎。两年时间里，九九房聚焦了 150 万用户，到 2011 年已经在移动端做到了房产类应用的第一名。

纵然九九房发展势头良好，张一鸣内心却尤感不足，他永远在渴望更高的成就、更大的成功。随着国内移动互联网发展势头越发迅猛，张一鸣敏锐地意识到“个性化推荐必然会成为未来的趋势”，于是，他毅然辞去九九房 CEO 的职位，带着不到十个人的一个团队创办了成立字节跳动科技有限公司，并在知春路锦秋家园的一套住宅里开始了自主创业之旅。

很多人都说，别看字节跳动如今的地位堪称如日中天，但说不定有一天张一鸣就会推翻现有的成就，从头开始。对于张一鸣自己来说，“始终创业”不仅仅是一个构想，也是一件他必须坚持的事情。所以他始终保持着当初创业的劲头，保持着对成功的渴望与初心。

一个认真生活的人，永远不会放弃自己对成功的渴望。这也是促使他们不断前进的根本动力。而那些能够在创业旅途中不断取得成就的人，心底往往藏着很多渴望。这种渴望表现在：他们永远不满足于现状，不断探索着上升的空间；他们对工作永远保持激情，从不向困难低头；他们成功实现了一个目标后，会毫不犹豫地踏上下一段征程……

这种源于内心的对成功的渴望，促使他们一直奔波在路上，也让他们更有动力去争取所有期望得到的一切。而只有这样的人，才能将自己的潜能发挥至极致。

不要轻易浇灭心中那份关于成功的渴望，这份渴望与其说是动力，不如说是“魔力”。一旦你迫切地想要得到成功，渴望到了一定程度，就相当于拥有了一把开启自身潜力的钥匙。很多人之所以能够逆袭人生、逆转困境，原因正在于此。

“不知足者常胜”，很多时候只有让自己的心保持“饥渴”状态，才能迎来更多进步的空间。这也能帮助我们形成一个良性的人生循环：为了改变现状，付出努力；取得进步，增强信心；渴望更大的成功，继续努力；形成强者心态，永不满足。这一过程中，我们迈着时快时缓的步伐，积极存储着正能量，追求成功慢慢成了一种本能。

成功的创业者往往是征服了一座高峰，又向着另一座高峰进发。拿娃哈哈董事长宗庆后来说，1978 年他进入校办企业，由于不满足于做操作工，他努力提升自己，不断积累经验，最后成功当上了供销员。为了追求更大的成功，他还开过一家“厂中厂”，终日奔波不停。

多年来，宗庆后心心念念的就是出人头地。为此，他不怕吃苦，不怕生活的刁难。他唯一害怕的是被命运左右，只能过那种低声下气的日子。于是，42 岁那年，那场招标会上，当其他人唯恐避之不及的时候，他却果断举手，主动承包了杭州市上城区校办企业经销部。

那是在 1987 年，宗庆后终于拥有了一份“事业”。文教局将一个 50 平米的旧房子作为办公场所划分给宗庆后。这便是日后声震四方的娃哈哈企业的“发源地”。

宗庆后与文教局约定，第一年他上交利润 10 万元。为了早日实现目标，他马不停蹄地启动了冰棒项目。每天供应商送来货物，宗庆后便和两位女同事将货物抬到冷库。每当客户一个电话打来，他们就又得将货物从冷库移出，辛辛苦苦地蹬着三轮车送过去。

那段日子实在是太辛苦了，却也收获颇丰。宗庆后却并不满足，为了更上一层楼，他组织了一次招聘，扩大了公司的规模。随后，另一笔业务找上门来。这又是一段充满艰辛的旅程，凭着心中那份对成功的渴望和百折不挠的毅力，宗庆后再一次挑战成功。

就这样，宗庆后不断树立新的目标，开启新的创业之旅。他拥有的资本越来越多，也创造了数不尽的荣誉与成就，直至蜕变为一位千亿富豪，甚至坐上了中国首富的位置。

张一鸣说，他要“始终创业”，就像“进击的巨人”一样始终在路上。这其实是一种“终生成长”的模式。只要我们对成功的渴望永无尽头，梦想的道路就永无尽头。

6 找准市场机会，领先半步看到蓝海

创业得加快步伐，全力冲击。人生亦如逆水行舟，不进则退。拧紧人生的发条，收起那份懒散与怠慢，能比别人快半步，就能比别人早一点到达梦想中的未来。

张一鸣曾与清华经管学院院长钱颖一教授进行对谈，其中，钱教授提到一个新的概念“TMD”，这引起了在场师生的广泛关注。钱教授解释说，中国互联网界的“三大巨头”分别是百度、阿里、腾讯，合称“BAT”。而头条、美团、滴滴这三家估值加起来超过一千亿美元的新兴互联网企业则被人合称为“TMD”，预示着新的三巨头的崛起。

基于此，钱教授问道：“即使BAT再强大，它也有没有看到的地方，或者说它有犯错误的时候。从你的经历来讲，在这种情况下你能崛起，很多人关心这个。”

张一鸣侃侃而谈：“首先是找准市场机会，领先半步看到蓝海。同时在一个创新的环境中，企业不进则退，企业保持对外部的敏锐其实是非常重要的。雅虎伴随着互联网浪潮，抓住门户导航，但是没有抓住搜索，没有抓住社交，经过两个小浪潮没有抓住之后，雅虎就不存在了。这也提醒企业要保持活力，不然就会被更具有活力的企业吞噬掉。”

张一鸣的意思是，互联网竞争中存在一条法则——“快”。移动互联网时代，有心创业的人必须要快，至少领先别人半步，抢先发现商机，始终保持活力，才不至于被“吞噬”。

在张一鸣的创业生涯中，每逢旧的挑战结束，他就会立即转身，快速寻找新的可能。如此别具一格的行事作风，令他的创业版图一步步顺利延扩。

比如，当初做今日头条，张一鸣一直强调至少要比别人快半步。靠着这股冲劲，今日头条迅速上线，并以迅雷不及掩耳之势在短短 90 天里聚集了超过 1000 万的用户。2014 年 4 月，距头条上线不到两年，其已获得 C 轮 1 亿美元的融资，估值 5 亿元人民币。之后，字节跳动公司推出的一系列产品、应用都在极短的时间内获得了最大的成功。

社会发展日新月异，时间变得越来越珍贵。只因速度已成为成功的关键性因素。随着市场竞争越发激烈，创业者反应快慢对资金、生产效率都产生了巨大的影响。反应稍微慢了半拍，或行动迟了半步，不仅会增大成本与内耗，更会痛失崛起的机会。

周星驰的电影《功夫》里有一句台词：“天下武功，无坚不摧，唯快不破……”这让著名的天使投资人、“比特币首富”李笑来深受启发。

李笑来后来多次提到，创业多年来，他始终坚信一个道理——赚钱一定要快。只因“赚钱慢是一种罪，原罪。因为财务上的‘重力加速度’相对来看太狠了，大多数人不知道而已；你赚钱少，你赚钱慢，你就永远‘飞不起来’，更别提‘飞出去’了……”

据说海尔集团首席执行官张瑞敏曾在一次中层干部会议上提出这样一个问题：“怎样才能让石头在水上漂起来？”他话音刚落，所有人都陷入了沉思。有人说，把石头放在木板上就能让石头漂起来。张瑞敏摇摇头，说没有木板。另一个人猜测道，石头肯定是假的，是用泡沫做的，这样轻而易举就能漂起来。张瑞敏却强调说，石头是真的。

终于，有一个人提议道：“速度！”张瑞敏听到这个回答很满意，他说：“正确！《孙子兵法》上说，‘激水之疾，至于漂石者，势也。’速度决定石头能否漂起来。”

掌握“快字诀”，凡事至少做到比别人快半步，才更有机会获得成功。创业之路上，想要快起来，就一定得保持卓越的眼光和机敏的嗅觉，学会用不一样的视角看待世界。

2007 年苹果发布第一款 iPhone。张一鸣第一时间买了这款手机。他花了很多时间去研究手机性能，之后惊讶地发现“上面可以搭建一个网站或者写一个程序。”

他说：“放到口袋里面，很难想象一个网站躺在你的口袋里面，你可以写一个网站打开浏览器访问自己写的网站。把操作系统放到移动设备上非常具有颠覆性。”那时候他就在思索苹果步步领先的原因，并得出结论：苹果一直保持着独特的思维和视角。

张一鸣将这一方法运用到自身创业过程中。于是，他和手下团队在做社交网站的时候，敏锐地意识到“移动互联网的增速是每周以万分之几的速度在上升，还很小，但是一直在上升。”那是在 2011 年年底，他判断信息的传播介质一定会从纸媒转向手机。

当他转变思维时，一片颇具潜力的“蓝海”出现在他面前。2016 年，就在今日头条涉足海外市场的过程中，张一鸣再一次意识到，移动互联网正对很多国家的经济、文化、社会面貌造成巨大影响，可见移动互联网的趋势并未停止。而且，随着互联网网速不断提高，“视频化”的子浪潮必将一波波涌起。基于这些判断，张一鸣不断调整战略计划。

事实证明，他成功押对了宝。张一鸣总结说：“创业的机会是你用不同的视角看待世界，你看到一些不同的东西，这个东西你可能能领先别人看到，那你最终就要把它创造出来。”

创业者要有时不我待的紧迫感，它是成功的催化剂，更是延扩时间宽度最好的方式。全力向前奔跑，至少领先别人半步，我们才能占据优先地位，拥有更多竞争力。

7 快速迭代，不断接近完美状态

张一鸣曾在朋友圈里发表过这样的观点："对于创业公司来说，很多事情都是可以改变的，想好之后实施，不行再修改。这要经过思考，但更要迭代。"

在张一鸣看来，完美的产品不是设计出来的，而是"改"出来的。只有快速迭代，才能甩开其他竞争者。他希望今日头条能够将迭代意识及"动态"属性一直保持下去，不断接近完美状态。今日头条令人瞠目结舌的产品更新速度很好地佐证了这一点。

网上曾出现这样一个问题："头条到底有多少个 App？"一位字节跳动内部人士面对这一问题时也犯了难："不知道，反正很多。"曾几何时，提起张一鸣，人们最先想到的是今日头条。如今，任何一个产品都不足以代表张一鸣和这家公司。

据此，有人提出了"头条系"的说法。只因纵观国内互联网领域，还没有哪家内容公司能像字节跳动一样，在短短两年内达到如此炫目的推新迭代的速度。而每次推出一款新产品，张一鸣的同事们就忍不住感慨："我们好像身处一个 App 工厂。"

除了产品更新迭代的速度快之外，每款产品性能的迭代速度也快得惊人。有网友专门撰文分析道，当初，为了让今日头条在最短的时间内吸引用户，张一鸣及手下团队重点做了这样一件事：在保留 App 的基本框架的前提下，加快产品性能的更新迭代，提高用户体验。

拿今日头条来说，其3.2—4.0版本一共花费7个月；4.0—5.0版本则花费近一年工夫；5.0—5.7版本花费近9个月。更值得一提的是，4.0—5.0之间迭代了44个小版本，算下来，平均8天1个小版本……这一过程中，头条App拥有的功能越来越丰富。

2018年，经历版权风波后，今日头条的自我审核能力也在快速更新迭代。今日头条新任首席执行官陈林曾公开表示，为了保证内容安全和质量，今日头条专门配备了专业的审核团队，并采取人工智能技术模型来实现目的，而“这些技术模型每天都在优化迭代。”

“迭代”指的是什么？它其实是一种重复反馈过程的活动，目的是逼近最初目标和结果。因为每一次迭代得到的结果都是成为下一次迭代的初始值，如果我们始终处于快速迭代状态中，我们的起点将变得越来越高，拥有的原始资本也将变得越来越雄厚。

快速迭代指的是一个循序渐进的过程，是一个不断打磨、努力接近完美的状态。研发人员收集用户的各种反馈信息及产品的使用情况，及时调整产品方向，开发新的功能。这其实又代表了一种精准试错的状态，避免研发人员将时间和精力浪费在无用的功能上。

同时，创业公司不可能一次性做出好的产品，唯有通过快速迭代的方式进行更新，不断重复“产品上线—用户反馈—进行修改—重新上线”的产品研发步骤，保证每一小步都跑得很迅速、跑得很准确，那么迟早有一天我们能收获满意的效果。

这好比撰写文章的过程，我们利用头脑中现成的素材稍作构思后直接开写，最后完成一份初稿。过一段时间后，反复审视初稿，进行修改。或者请不同的人来阅读这篇文稿，给出意见，然而再根据他人的反馈一遍遍修改。这个过程就是“快速迭代”的过程，只有经过一次又一次的迭代，才能不断接近理想中的状态，打磨出精品。

马化腾就很看重“小步快跑，试错迭代”的模式。他说，也许产品每一次的更新都算不上完美，但如果“坚持每天发现、修正一两个小问题，不到一年基本就把作品打磨出来了，自己也就很有产品感觉了。”他强调说：“互联网产品想要不断发展，在上线之初就需要不断获得用户，慢慢地势必需要在不断满足用户需求的基础上进行产品的持续更新迭代。”

不容忽视的是，保持快速迭代能力，也是应对危机的好的方式之一。很多创业者都有这样的体会，无论是产品还是运营，都将不可避免地遭遇各种增长瓶颈，要么用户纷纷离开，要么业务停滞。想要预防危机，或在危机来临时顺利熬过那些艰难的时刻，就要主动去自我迭代，秉持“小步快跑，快速迭代”的策略。

不断升级迭代，能增强企业的附加值，让产品性能变得越来越无可挑剔。而且，通过连续的努力，反复地“升级、更新”，创业者才能不断完善自己，获得更多的认同感。

8 当你感觉过于舒服的时候，就到了该改变的时候

张一鸣始终告诫年轻人："你需要拓展自己的边界，直到疼痛为止。"舒适圈无法带给我们长久的安全感，只有"不择手段"地扩展自己的能力圈，不断革新自己对于这个世界的思考与认知，积极改变，力争上游，才能成就一段最有价值的人生。

回望张一鸣的创业旅程，你会发现，他始终抗拒"温水煮青蛙"式的生活。2005 年，他从南开大学微电子和软件工程专业毕业。摆在他面前的是八九个条件丰厚的 offer，张一鸣当下的直觉是"都太没有挑战性，不来劲"，他一直不愿意让自己过得太舒服。

今日头条高级副总裁柳甄作为张一鸣的得力助手，也曾说过这样一段话："当你感觉过于舒服的时候，也许就是你的人生需要改变的时候，你需要去拓展自己的边界，直到疼痛为止。我相信这样做之后，你一定会为自己取得的成果而惊喜。"

柳甄高三时决定来美国交换学习一年。在这之前，她是学校里最受欢迎的明星学生，成绩好，辩论、演讲能力出众，大家都很佩服她。来到美国后，她沉浸在全新的文化氛围中，不得不花费巨大的精力去克服语言关。尽管困难重重，她还是不后悔当初的选择。

柳甄人生的第二个交叉路口是在 2015 年，Uber 团队找到她，问她愿不愿意接受一份全新挑战。此时的 Uber，打算聘请柳甄来协助进行中

国市场的拓展。柳甄考虑良久，还是决定要加入 Uber 的团队。而在这之前，她在硅谷当了 9 年的律师，主要负责私募、资本市场和跨境交易。彼时的她，脱离了刚毕业时的那份青涩感，对于工作越发驾轻就熟。

而且，当时她和丈夫的婚姻幸福美满，还有两个可爱的孩子，一切都显得那么完美，甚至给她一种“舒服过头”的感觉。柳甄左思右想，还是觉得躲在舒适圈里过一眼望得到头的人生不是自己渴盼的生活。于是她接受了这份挑战。谁知从上班第一天起，她就不断遇到困难，差点选择了放弃。幸运的是，身边一些过来人给了她很多指导和鼓励。

事后，柳甄说：“从他们身上我学到，成为一名创业者，意味着你应该不断走出自己的舒适区，你应该持续拓展自己的边界，直到疼痛。”在她及所有同事的共同努力下，Uber 渐渐打开中国市场，并强势进驻 50 多个城市，创下数十亿美元的业务价值。

柳甄人生的第三个转折点发生在 2016 年 10 月，她突然接到今日头条的创始人、CEO 张一鸣的电话。对方诚挚地邀请她加入今日头条，共创未来。柳甄权衡利益，最终选择再一次跳出舒适圈，勇敢踏上另一段未知旅途……

富有创业精神的人常常会问自己这样一句话：“我最近是不是过得太舒服了？”他们深信人生就是一个使劲折腾的过程，所以永远不会做让自己感觉到特别舒适的事情。

心理学上，“舒适圈”是一个专业术语，面对熟悉的人和事，人们往往会觉得更自在、更安全。舒适圈堪称生存的必需，却也是摧毁意志的“毒药”。若在舒适圈里待久了，人就会变得松懈、懒惰，思想及行动边界也会变得越来越窄。

人天性恐惧未知，可一旦任由恐惧情绪扼住了命运的咽喉，我们便失去了发现、探索的勇气和机会。所以，那些创业大师们一再建议年轻人，果断跳出舒适圈，进入更广阔的天地。对于未来不设边界，才能获得更好的发展。

雪莉·桑德伯格年轻时曾担任克林顿政府财政部部长办公厅主任，

原本，这份工作她做得游刃有余。可突然有一天，桑德伯格却向身边亲友宣布，她要离开仕途，去硅谷发展。

在硅谷找工作的过程中，桑德伯格吃了很多闭门羹，很多互联网大公司拒绝聘用对互联网知识一窍不通的她。万般无奈之下，桑德伯格只好选择了当时很不起眼的一家小公司 Google。彼时的 Google 虽然摇摇欲坠，但给她的机会也很多。桑德伯格一进 Google，便担任在线销售和运营副总裁的职位。凭着自己的能力，她很快闯出了一片天地。

带领 Google 走上正轨后，桑德伯格的社会声誉越来越响亮。2007 年，事业如日中天的桑德伯格突然萌生去意，正在此时，Facebook 创始人扎克伯格向她抛来橄榄枝。经过一段时间的思考，桑德伯格毅然决定，要以新人的身份加入 Facebook 从头开始。

创业者不能让自己过得太舒服，这会腐蚀他们的意志。而立志创业的人，一定要勇于走出舒适圈。尽管外界充满了难以预测的挑战，但创业者也因此会迎来更多突破自我的机会。

9 摆脱低水平竞争，做创造价值的事

知乎上有人问：“为什么国内企业缺乏创新？”其中一位网友的回答引人深思：“如果企业都将心思放在互相争夺地盘，恶性营销，以及无底线刺探竞争对手的小道消息上，哪有余力去改革创新？”在张一鸣看来，企业在低水平上进行你死我活的竞争堪称“杀敌一千、自损八百”的愚蠢战略，唯有开拓进取、合作双赢才是最有价值的事。

某次采访中，主持人问张一鸣：“未来怎么突破所在行业现有格局？”

张一鸣坦言：“竞争是一种消耗，其实很没意思。今天你反我一下，明天我对抗你一下，精力都花在这个上了。我自己更希望快速摆脱竞争，更多地去做创新、创造价值的事情。”

见对方听得入迷，张一鸣继续道：“不要为商业扩张而扩张，而要问你能给社会创造出什么增值。如果有什么事情你是比社会上其他人做得更好的，那么你就去做。而不是别人做得好的，你去抢。一定程度上，竞争是促进优胜劣汰的。但我倾向于没有竞争，而是开拓。”

如今的商业社会中，竞争无处不在。良性竞争能促使商家提升自身的产品质量，改进售后服务质量，能让创业者努力开发新的客户与市场。而且，你来我往的良性竞争能让市场经济越发繁荣，更在不断推动着科技的迭代与进步，让整个社会都处于一种良性循环中。

遗憾的是，如今很多商家、创业公司之间的竞争还处于原始状态，即张一鸣十分反感的低水平竞争。这种状态中，创业者通常眼睛向外，千方百计只为削弱别人而非完善自我。创新称不上竞争主体，企业之间可能会通过散布流言来诽谤对手，通过垄断市场来挤压弱势一方的生存空间，长此以往，市场疲软不堪，落在每个人头上的机遇也变得越来越少。

张一鸣不怕竞争，否则他也不会剑指BAT，以黑马姿态“杀”入硝烟弥漫的国内互联网市场。而他所采用的竞争方式从来都是技术创新。他说：“核心竞争力直接来说是我们的产品，产品背后是我们的技术系统，技术系统背后是我们的团队和文化。”

在他看来，如果企业间都争着抢着去做有价值的事，永远眼望未来，永远开拓进取，那么整个市场环境都会被盘活，每个人的“生存战役”都将进入“easy”模式。

这才是当之无愧的高水平竞争。如果说低水平竞争是死缠烂打互相拽头发吐唾沫，高水平竞争就是坐而论道、不战屈人之兵。前者纵然赢了，也算不上光彩。后者却能带来一场场头脑风暴，它拼的是布局，拼的是创新，拼的是持续向前奔跑的能力与韧性。

高水平竞争中，尊重竞争对手是第一要义。马云就曾说过：“我会和他们竞争，但我们不恨他们，而是要尊重竞争对手。”过去20多年里，阿里和腾讯条条战线都在对峙，彼此间寸步不让，它们之间的竞争被媒体称为不见硝烟的“双超之争”。

但是，“双超”间斗得再厉害，却始终保持着对对方的一份尊重及一定的竞争分寸。2017年5月30日，钉钉在深圳三家报纸头版刊登了影射微信的广告，广告用绿色指代微信，其中讲的都是一些不安全的内容；用蓝色代表钉钉，讲的都是钉钉安全可靠之类的内容。

钉钉作为阿里旗下的企业社交工具，突然做出如此举动，显然是对腾讯的一种挑战。广告引起一定热议后，马云第一时间在工作群里批评钉钉打的广告太low（低水平），并表示：“我已经正式向马化腾和腾讯公司致歉！”当天晚上，钉钉发布了一封措辞诚恳的道歉声明：“竞争应该靠智慧、勇气、策略，充满快乐，而不是靠段子、调侃、秀下限……”

事后，马云多次表态，称腾讯是一家伟大的企业，“在不到 20 年的时间内，能够靠创新取得发展，令人敬佩”。马化腾大度地接纳了马云的道歉，并说：“腾讯和阿里可能在十多个地方有竞争，好处是正常合理的竞争可以促进发展、激发企业的潜能和斗志。”

高手竞争向来秉持“和而不同”“不同而和”的商业法则，他们追求的是合作共赢之路。所以，我们经常能够看到两家立场不同的企业聚在一起共享资源、各取所需，携手走进光明的未来。正如雷军所言：“最重要的是广泛结盟，以开放心态来合作。”

2017 年，小米和百度联手共谋未来的消息打破了平静。虽然不知道小米和百度具体的合作项目是什么，很多网友却断言：“这两大巨头凑在一起准有好事发生！”

那一年 11 月 28 日，筹备多时的 IoT 开发者大会如期召开，小米和百度正式宣布将展开合作。雷军说，双方将携手共建软硬一体“IoT+AI”生态体系。末了，他激动补充道：“要把我们的伙伴搞得多多的，把我们的敌人搞得少少的！”

张一鸣说“不要竞争，而是开拓”，并不是说他排斥竞争，相反，他很明白良性竞争会给个人、给企业、给社会、给国家带来多少好处。他反感不讲商业规则的低水平竞争，却对比拼智力、合作共赢的高水平竞争乐此不疲。在他看来，创业者既要保持敢为人先的进取精神，又要树立资源互补的合作观念，以此营造共同发展、共同进步的局面。